NUEVOS HORIZONTES

Nuevas aventuras

Libro de lectura

Santillana

Nuevos Horizontes is a Spanish Reading and Language Arts Program based on materials derived from *Lectura en dos idiomas* and revised by a team of Spanish-language educators working in collaboration with the Publisher's Educational Materials Research and Development staff.

Principal Author of Revised Materials

Arnhilda Badía, Ph.D.
Professor of Modern Language Education
Florida International University

Contributors

Sylvia Diez
Teacher, Dade County Public Schools

Aida Fernández
Teacher, Dade County Public Schools

Blanca Guerra
Teacher, Broward County Public Schools

Noevia Miranda
Teacher, Dade County Public Schools

Marta Nabut
Teacher, Dade County Public Schools

Mario Núñez
Resource Teacher
Division of Bilingual/Foreign Language Skills,
Dade County Public Schools

Octavio Pérez-Beato, Ph. D.
Miami-Dade Community College

Teresita Suárez
Teacher, Carollton School

The Publisher acknowledges the significant contributions of the educators listed above and thanks all persons who participated in this collaborative project.

Photographs on pages 38-40, 82 and 108 courtesy of Florida Department of Commerce, Division of Tourism.

REPRINT 1996
Santillana Publishing Co., Inc.
2043 NW 87th. Ave. Miami, Fl 33172

ISBN: 1-56014-514-5
Printed in México
93 94 95 96 97 98 99 B 10 9 8 7 6 5 4 3 2 1

Contenido

Unidad 4
El campo y la ciudad

Unidad 5
¡A viajar!

Agua, tierra y cielo

Canción para el niño que nació en el mar

No cierren la puerta,
que abierta ha de estar.
Dejen que entre el aire,
déjenlo pasar.
Dejen que entre el agua,
déjenla llegar.
Te daré una estrella,
la estrella polar.
Y nieve de espuma
con sol y con sal.
Con sal de las olas,
con sol de la mar.

Cuando iba el velero
mar adentro, allá...
entre cielo y agua,
te parió mamá.
Se puso en las cuerdas
el viento a cantar.
Tu padre en las redes
te meció al pescar.
Grumete, primero,
luego capitán,
tendrás un balandro
para ir por el mar.

El mar Caribe y sus islas

—Puerto Rico

—Cuba

—Jamaica

—Santo Domingo

—Mar Caribe

—Océano Atlántico

El mar Caribe está en el océano Atlántico.

De las islas del mar Caribe, la más grande es Cuba.

¿Qué es una isla?

Una isla es una porción de tierra rodeada de agua por todas partes.

Hay islas en los mares, en los ríos, en los lagos...

La isla más grande del mundo es la de Groenlandia.

En Groenlandia hace mucho frío, pero también hay islas en donde hace mucho calor.

En las islas del mar Caribe hace mucho calor.

Estas tres islas están en el mar Caribe. Para salir de una isla o llegar a ella la gente usa avión o barco.

También se puede ir por carro si hay un puente que une dos islas.

¿Cuál de las islas que mostramos te gustaría visitar?

¿En qué viajarías desde donde vives?

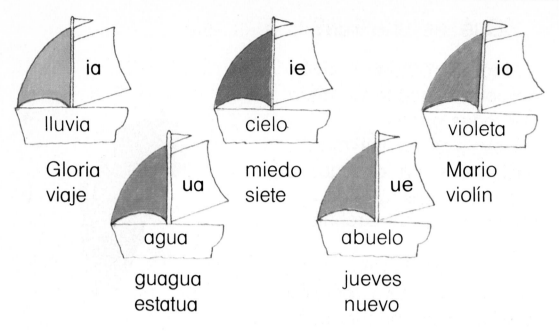

ia	ie	io
lluvia	cielo	violeta
Gloria	miedo	Mario
viaje	siete	violín

ua	ue
agua	abuelo
guagua	jueves
estatua	nuevo

El jueves por la mañana,
en la barca del abuelo,
nos iremos de paseo,
con timón y remo nuevo.

Sube y baja
de día y de noche.
No es ascensor
ni tampoco coche.
Es la _____.

Vuela sin alas,
silba sin boca
y no se ve
ni se toca.
Es el _____.

viento   paloma   sol   marea

Rumbo a la isla

—¿Qué hacemos con todas estas cosas que juntamos? —preguntó Gloria.

—Podemos guardarlas en un baúl. Podría ser nuestro tesoro —propuso María.

—¡Sí! Con este tesoro y el bote de mi tío Mario podríamos ser piratas —dijo Blas.

—¿Y qué hacen los piratas? —preguntó María a Blas.

—Pues... esconden o buscan tesoros —contestó éste.

Después de mucho discutir, decidieron ir a la playa a ver el bote.

—¡Si pudiéramos ir hasta aquella isla a enterrar nuestro tesoro, nadie lo encontraría! —exclamó Blas.

Tan entusiasmados estaban, que no se dieron cuenta de que la marea subía. Muy pronto, las aguas rodearon el bote.

Poco tiempo después, el bote flotaba. Navegaba… ¡rumbo a la isla!

—¡Qué bueno! ¡Vamos a la isla! —gritaron los tres.

El bote navegaba solo en medio de las olas.

Cuando llegaron a la isla, todos saltaron a la playa. Estaba llena de árboles y plantas de todas clases. En poco tiempo recorrieron la isla. Era muy pequeña.

—Ahora podemos enterrar nuestro tesoro —dijo María.

En ese momento, comenzaron a caer gotas de lluvia, que hacían plic-plac, plic-plac contra el suelo.

—Debemos apurarnos, se viene una tormenta —advirtió Gloria.

—No podemos irnos sin enterrar el tesoro —dijo Blas.

—¡No hay tiempo! ¡Corramos al bote! —dijo María.

En un momento llegaron al bote. María notó que Blas estaba preocupado.

—¿Qué te pasa? —le dijo.

—¿Cómo vamos a regresar? Los remos son muy pesados.

—No temas. Ya se nos ocurrirá algo.

—Mejor que sea rápido —murmuró Gloria—. Tengo mucho miedo.

—Ya está —exclamó María—. ¿Cómo no se me ocurrió antes? Dame el baúl. En él tengo mi anillo mágico.

—¿Anillo mágico? —preguntaron.

—Sí; él nos ayudará a volver.

—No entiendo cómo —dijo Blas—. Mejor saco mi bandera pirata del baúl para hacer una vela.

En un momento, Blas ató la bandera.

Se sentaron, preparados para el regreso. Pero el bote no se movió.

—¡Qué rabia! —dijo Blas—. No hay viento.

A lo lejos, comenzaron a encenderse las primeras luces de la ciudad.

—Tu vela no da resultado. Probaré con mi anillo —dijo María.

"Anillo anillito,
ayúdame un poquito.
Anillo anillote,
haz mover el bote."

De pronto, el viento sopló más fuerte y el bote comenzó a moverse.

Los niños estaban tan contentos, que saltaban de alegría. La bandera pirata flotaba al viento. En muy poco tiempo llegaron a la playa.

—Todavía no es hora de cenar —dijo Blas—. Nadie se ha enterado de nuestra aventura.

Y los niños se fueron a sus casas.

Un son
para niños antillanos

(Fragmento)

Por el mar de las Antillas
anda un barco de papel:
anda y anda el barco barco,
sin timonel.

Pasan islas, islas, islas,
muchas islas, siempre más:
anda y anda el barco barco,
sin descansar.

¡Ay mi barco marinero,
con su casco de papel!
¡Ay, mi barco negro y blanco,
sin timonel!

NICOLÁS GUILLÉN
(Cubano)

Mira los peces. Lee el nombre que lleva cada pez.

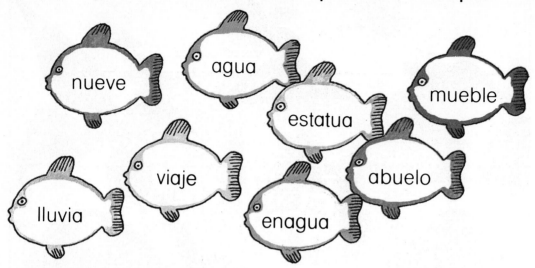

Ahora contesta estas preguntas:

1. ¿En qué se parecen los peces **enagua**, **agua** y **estatua**? ¿Y los peces **mueble** y **abuelo**?

2. ¿Qué palabra termina igual que **Gloria**?

3. ¿Cuál de estas palabras es el nombre de un número?

Lee este cuento.

—Apúrate, que comenzó a llover —dijo Silvia.

—Me gusta mucho caminar bajo la lluvia —contestó Juan.

—A mí no, porque se me moja la ropa con el agua —contestó Silvia.

—Entonces, vamos a comprar un paraguas.

—Sí, vamos —dijo Silvia.

¿Te gustó el cuento? Ahora vamos a jugar el juego de "¿Quién dijo?"

¿Quién dijo "Me gusta mucho caminar bajo la lluvia"?

¿Quién dijo "Apúrate, que comenzó a llover"?

¿Para qué usas el agua?

1. Para tomar.

2. Para cocinar.

3. Para limpiar.

4. Para jugar.

5. Para regar.

6. Para transportar.

Sin agua no podríamos vivir.

¡La necesitamos para tantas cosas!

¿Qué pasaría si no hubiera agua?

¿Por qué no podríamos vivir sin agua?

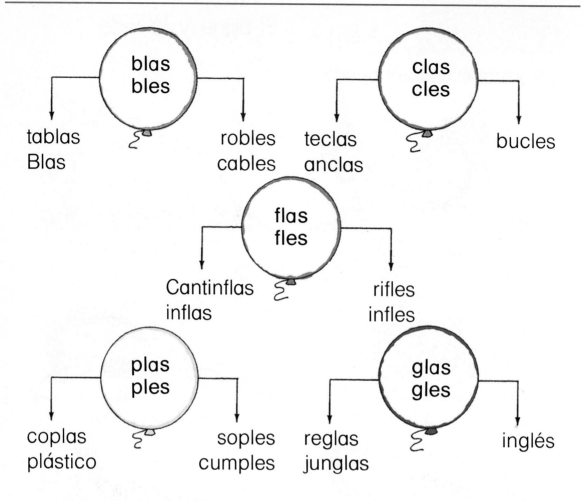

blas
bles

tablas
Blas

robles
cables

clas
cles

teclas
anclas

bucles

flas
fles

Cantinflas
inflas

rifles
infles

plas
ples

coplas
plástico

soples
cumples

glas
gles

reglas
junglas

inglés

Los muebles están hechos de madera.
La niña tiene bucles en el pelo.
No soples las velas del bizcocho.

Mira bien el dibujo:

¿Qué hay detrás del mueble?

¿Qué hay detrás de Blas?

¿Quién está delante del mueble?

Fiesta en el agua

Cerca de la ciudad hay una laguna. Esta laguna es un lugar muy divertido. En sus orillas cantan a coro las ranas, los grillos y las cigarras. Algunas veces las ranas hacen campeonatos de salto. Una tras otra, se van tirando al agua. Gana el campeonato la que salta más lejos. Cada día inventan un juego para pasarlo mejor.

Hoy no hay campeonatos en la laguna. Hoy todos los animales están de fiesta.

Se va a casar la rana más valiente de la laguna con el sapo más hermoso del lugar.

Todos los animales de la laguna han sido invitados, además de otros que no viven allí pero conocen a los novios.

El pájaro carpintero mandó traer tablas y trocitos de cable plástico para armar la casa de la pareja. La tortuga modista cosió el traje de la novia. Se apuró como nunca para terminarlo a tiempo.

Los renacuajos dicen:

—¡Qué bonita está nuestra tía con su traje de novia!

Los lagartos llevan sombreros muy brillantes, y dicen:

—¡Qué elegante va nuestro amigo el sapo!

—Se ve que ha mandado traer su traje del otro lado de la laguna.

Los novios van delante, y detrás van los invitados. Las cigarras entonan la Marcha Nupcial y las hormiguitas, todas en fila, forman el cortejo que lleva la cola del traje de la novia.

Detrás van los pájaros, las lagartijas y los grillos. Todos con trajes muy bonitos.

Las luciérnagas también quieren hacer más linda la fiesta. Brillan como nunca.

Después de la boda, hubo un gran banquete. La fiesta terminó con un baile. Dos lagartos tocaban la guitarra, un mosquito tocaba la corneta, la lechuza tocaba las maracas y un jilguero cantaba coplas bien bonitas. El papá del novio tocaba un piano de teclas verdes. Las mariposas jugaban a la ronda y los patos batían sus alas al compás de la música.

Aquella fue la fiesta más divertida que se celebró en la laguna.

Mira las palabras que están en la columna de la derecha. Léelas dos veces.

1. ¿Cuál es el idioma que más se habla en los Estados Unidos?

2. ¿Qué le haces al globo para que se agrande?

3. ¿Qué necesitan los barcos para sujetarse al fondo del mar?

4. ¿Qué le tocas al piano para que suene?

rifles

junglas

inglés

anclas

inflas

teclas

El astronauta realizó un viaje a la Luna. ¿Qué hizo primero? ¿Y después?

Lee estas oraciones desordenadas y di cómo sucedieron las cosas.

○ Caminó en la Luna.
▲ Se puso el traje espacial.
□ Llegó el cohete a la Luna.
□ Despegó el cohete.

¿Cómo te prepararías para hacer un viaje a la Luna?

Lección 3

El cielo y sus astros

Tengo forma de tajada
cuando acabo de nacer,
y me pongo redondita
cuando estoy más grandecita.
Doy luz y no doy calor
aunque me parezca al Sol.

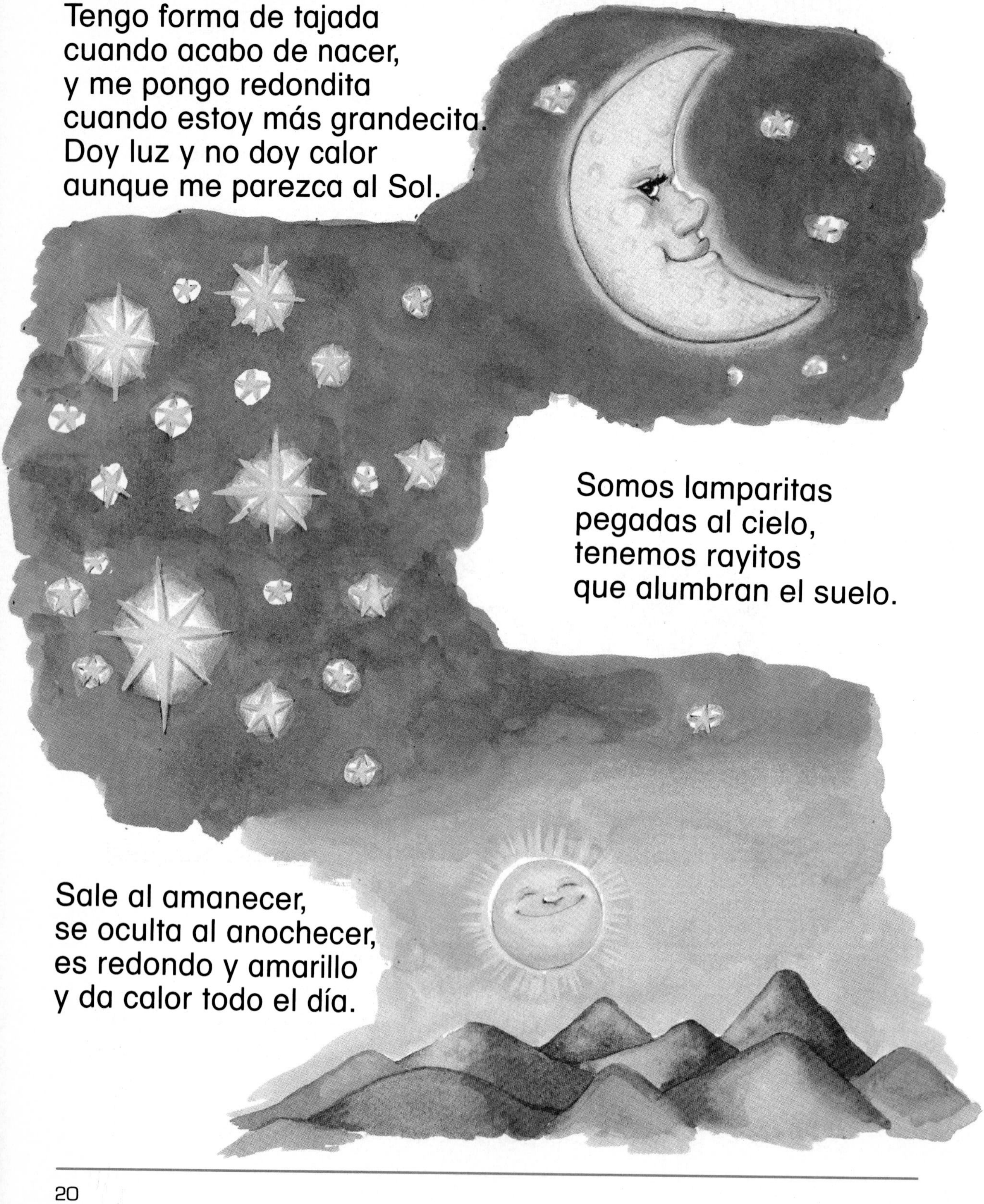

Somos lamparitas
pegadas al cielo,
tenemos rayitos
que alumbran el suelo.

Sale al amanecer,
se oculta al anochecer,
es redondo y amarillo
y da calor todo el día.

El rey de Constantinopla
se quiere desconstantinopolizar.
El que lo desconstantinopolizare,
buen desconstantinopolizador será.

construcción	constante	conspiraban
constructor	construir	constelación

El planetario

La **construcción** del planetario quedó en manos del **constructor**.

Los astrónomos estaban ansiosos de que se terminara pronto, para poder ver las **constelaciones**.

Después de varios meses de labor **constante**, quedó terminado.

En los pasillos del planetario, todos los astrónomos **conspiraban** para ser los primeros.

Carta del papá de Juan al maestro

Señor maestro: Juan es muy malo; usted lo castigará como merece; la policía lo apresará cualquier día por castigar a los niños; si no se corrige el chico, me lo dirá y le daré una paliza ejemplar.

Carta que arregló Juan cambiando los signos de puntuación

Señor maestro Juan: es muy malo usted; lo castigará como merece la policía; lo apresará cualquier día por castigar a los niños; si no se corrige, el chico me lo dirá, y le daré una paliza ejemplar.

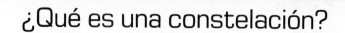

¿Qué es una constelación?

¿Te has fijado que algunos grupos de astros parece que forman figuras? A esos grupos de astros, los astrónomos les han dado el nombre de constelaciones.

Una constelación es una agrupación de astros. Desde hace muchísimos siglos, los astrónomos dieron a las constelaciones los nombres de las figuras que creían ver en ellas.

Pero todos no vemos la misma figura en una constelación. Por eso, el nombre de las constelaciones cambia de un lugar a otro: la "Osa Mayor" en España se conoce también con el nombre de "El Carro"; en Inglaterra se llama "El Arado"; en Francia, "La Cacerola"; en América, "El Gran Cucharón" y en China, "El Burócrata Celeste".

Son muchos nombres para una misma constelación.

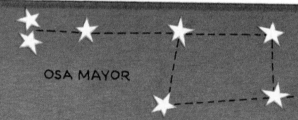

OSA MAYOR

¿Qué es un astrónomo?

El astrónomo es la persona que se dedica a observar y a estudiar los astros.

Gracias a los astrónomos sabemos muchas cosas sobre el Universo: sabemos la distancia que hay entre la Tierra y otras estrellas, sabemos el tamaño de muchos planetas…

¡Qué apasionante es conocer el Universo!

Las estrellas

Aquella tarde, Quico llegó muy excitado:

—Papá, papá, me han dicho, en el colegio, que en el cielo, hay un carro.

Su papá se sonrió y trató de calmarlo.

—Vamos a ver, Quico. ¿Qué es eso de que hay un carro en el cielo?

—Sí —respondió Quico—. Me han dicho que, por la noche, las estrellas se juntan en el cielo, y forman un carro.

—¡Ah, ya entiendo! Te han hablado de las constelaciones.

—¿De las **cons**... qué? —dijo Quico sorprendido.

—De las constelaciones. Verás.

El papá de Quico se dispuso a explicar a su hijo qué eran las constelaciones.

—A los hombres siempre les ha gustado contemplar las estrellas. Y algunos han dedicado su vida a observar el cielo para descubrir estrellas que eran desconocidas.

Quico seguía las explicaciones muy interesado. Su papá continuó:

—Algunas personas de mucha imaginación han visto, en las estrellas, formas caprichosas, y las han agrupado; después, les han dado un nombre.

—¿Como nosotros hacemos cuando decimos que una nube parece una oveja o un castillo encantado?

—Exactamente. Y, a cada grupo de estrellas que forman una figura, lo llamamos **constelación.**

—¡Ah, ya, lo entiendo! Es muy fácil. Así que el carro es un grupo de estrellas que forman la figura de un carro, ¿no es verdad?

—¡Eso es!

—Y ¿cuántas constelaciones hay?

—¡Huy!, muchas: la constelación de Tauro, la constelación de Leo, la constelación de Escorpio, la constelación de Piscis... Y cada una tiene una forma distinta. Por ejemplo, la constelación de Tauro tiene forma de toro, y la constelación de Leo tiene forma de león.

Quico se había ido acercando a la ventana mientras escuchaba las palabras de su padre. De repente, se volvió y dijo:

—Mira, ya es de noche, y el cielo está lleno de estrellas. ¿Por qué no descubrimos las constelaciones?

A Margarita Debayle

(Fragmento)

Margarita, está linda la mar,
y el viento
lleva esencia sutil de azahar;
yo siento
en el alma una alondra cantar:
tu acento.
Margarita, te voy a contar
un cuento.

Éste era un rey que tenía
un palacio de diamantes,
una tienda hecha del día
y un rebaño de elefantes.

Un kiosco de malaquita,
un gran manto de tisú,
y una gentil princesita,
tan bonita,
Margarita,
tan bonita como tú.

Una tarde la princesa
vio una estrella aparecer;
la princesa era traviesa
y la quiso ir a coger.

La quería para hacerla
decorar un prendedor,
con un verso y una perla,
una pluma y una flor.

Las princesas primorosas
se parecen mucho a ti.
Cortan lirios, cortan rosas,
cortan astros. Son así.

Pues se fue la niña bella,
bajo el cielo y sobre el mar,
a cortar la blanca estrella
que la hacía suspirar.

RUBÉN DARÍO
(Nicaragüense)

Lee las palabras que aparecen en el recuadro de la izquierda.

constantemente

construida

constelación

construir

constructor

Ahora contesta estas preguntas.
1. ¿En qué se parecen las cinco palabras del recuadro?
2. ¿Cómo le dices a la persona que construye un edificio?
3. ¿Qué palabra quiere decir lo mismo que **hacer algo**?
4. ¿Qué palabra quiere decir lo mismo que **todo el tiempo**?
5. ¿Cómo le dices al conjunto de varias estrellas?

¿Quién hace?

Mira las palabras que imitan los sonidos de los animales. ¿Los conoces? Ahora léelos y di quién hace cada sonido:
— ¡Kikiriki!
— ¡Jijiji!
— ¡Pío-pío!
— ¡Muu, muu!
— ¡Miau, miau!

Aquí están los dibujos de algunos animales. Lee sus nombres y úsalos para decir quién hace esos sonidos.

el gato

la gallina

la vaca

el caballo

el gallo

el pajarito

¡Muchos nombres para una cosa!

Cada cosa tiene su nombre,
cada nombre no es igual.
Todo depende de dónde vienes,
todo depende de dónde vas.

¿Es lo mismo **carro** que **coche**?
¿Pueden la **chiringa** y el **papalote** volar?
Dime cómo tú los llamas.
Yo te digo los demás...

¿Cómo se llaman?

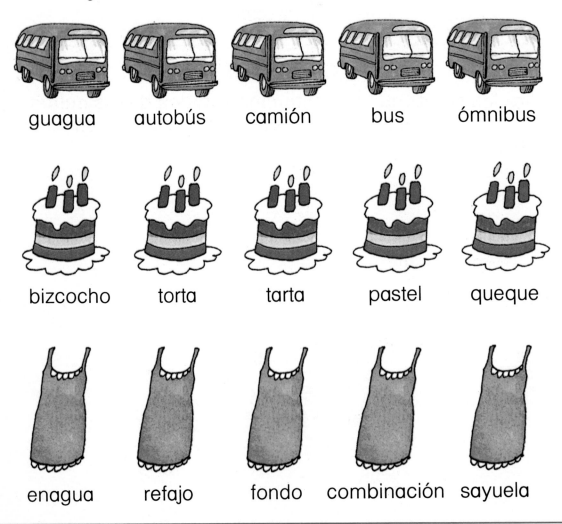

| guagua | autobús | camión | bus | ómnibus |

| bizcocho | torta | tarta | pastel | queque |

| enagua | refajo | fondo | combinación | sayuela |

Las estaciones vienen y van

Cada tres meses se mudan de sitio,
cada tres meses vienen y van.

Una nos trae las flores,

otra nos trae calores,

otra despega las hojas

y otra hace nevar.

¿Cómo es cada estación?

Vamos a diferentes lugares donde podamos apreciar las cuatro estaciones del año.

1 Ha llegado el otoño a Texas; las hojas cambian de color y se caen. Ahora hace más frío y hay que usar abrigos y chaquetas.

En el otoño se acaban las vacaciones y los niños vuelven a la escuela.

2 Ya llegó el invierno a Nueva York, y hace mucho frío. Los árboles perdieron sus hojas y están desnudos. Los niños tienen que abrigarse bien para no enfermarse. Usan sus abrigos, guantes y sombreros. Hay días que todo está cubierto de nieve. Entonces tienen que usar sus botas para no resbalar con el hielo y no mojarse los pies.

3 Ya se va el frío y llega la primavera a California. La lluvia hace crecer nuevas hojas y flores. Los animales y las plantas se llenan otra vez de vida. Como ahora hace menos frío, los niños llevan menos ropa puesta. ¡Qué bonita es la primavera!

4 Ya viene el verano, con sus días largos y calurosos. Los árboles están llenos de hojas y los campos, muy verdes. El calor del verano hace más difícil el trabajo; por eso las personas salen de vacaciones. En la Florida van a las playas o a las piscinas, para refrescarse.

Los meses del año

Treinta días tiene noviembre,
con abril, junio y septiembre.
De veintiocho o veintinueve sólo hay uno,
y los demás treinta y uno.

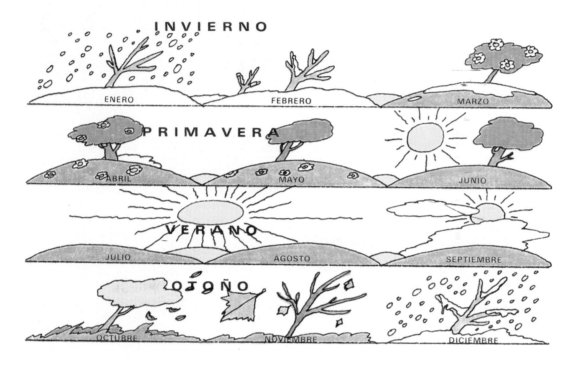

Las **estaciones del año** son cuatro: la **primavera**, el **verano**, el **otoño** y el **invierno**.

Cada una de las estaciones es diferente.

Durante la **primavera** abundan las lluvias y florecen las plantas.

En el **verano** hace mucho calor y los árboles se llenan de hojas.

En el **otoño** hay fuertes vientos y las hojas se secan y se caen. También comienza a refrescar.

El **invierno** es la estación más fría. En algunos países nieva y en otros no, y los árboles están sin hojas.

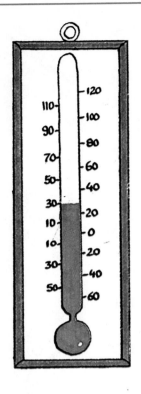

El termómetro se usa para medir la temperatura. Si hace frío o calor, si las cosas están calientes o frías.

Cuando la línea de color sube, es porque aumenta el calor. Cuando baja, es porque la temperatura se ha enfriado.

Mira el termómetro.
Busca la línea de color.
Fíjate hasta dónde llega.

Pon un poco de hielo en un recipiente con agua. El agua está fría.
¿Cómo puedes medir la temperatura del agua?

Cuando la línea de color llega por debajo de 32° F, es porque el agua está congelada.

Cuando la línea de color pasa los 212° F, es porque el agua hierve.

Pon el termómetro dentro del agua helada.
¿Ha subido o ha bajado la línea de color?

¿Quién soy?

1. Con mi viento fuerte, hago caer las hojas de los árboles.

2. Sin mí, los jardines no tienen hojas ni bellas flores.

3. Enfrío la tierra y en algunos lugares la cubro con nieve.

4. En mis días de calor puedes jugar en la arena y darte un baño en el mar.

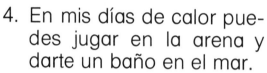

Llegó el otoño

El viento lleva las hojas de aquí para allá.

De repente, se trepan por el balcón, dan una vuelta alrededor de las macetas y vuelven volando hacia abajo.

A pesar de estar secas y haber perdido el color verde, son muy bonitas.

Tienen distintos tonos de marrón, amarillo o naranja y hacen un sonoro cric-crac cuando las pisas.

El explorador ha explorado.
¿Quién lo desexplorará?
El desexplorador que lo desexplore
rey de los desexploradores será.

ex

acci

acce

1. **Explícame** bien cómo hacer ese **experimento**.
2. ¡Cuidado con la **explosión!** —exclama el policía.
3. Los **excursionistas** están **excitados** con la nueva **excursión.**
4. El tren **expreso** ha tenido un **accidente** en el **acceso** Norte.

Lee estas dos oraciones:
1. Debemos partir en seguida para la playa.
2. Debemos partir el bizcocho en ocho pedazos.
¿Puedes encontrar dos palabras iguales que quieren decir cosas diferentes?

Fíjate en las palabras que están en los recuadros y las frases que están destacadas. Paréalas.

1. El bosque estaba cubierto por **un manto blanco.**

granizo

2. La lluvia se hizo más fuerte y comenzaron **a caer piedritas.**

nieve

Remolinos de otoño

Las [hojas] de los árboles
Vuelan sobre mi [cabeza]
(Gira) y (Gira) .. ..
Dan muchas [vueltas]
De pronto, [chocan] [contra la pared]
y las hojas amarillas
se extienden
formando una [alfombra].
Cuando sople el [viento],
me voy a [sentar]
en la alfombra de hojas
y echaré a [volar].

Los Everglades

El otoño es la estación del año en que comienzan las clases. Este año pensamos hacer muchas cosas excitantes.

La maestra nos llevará de excursión a los Everglades. También haremos experimentos en la clase de Ciencias. Allí tendremos acceso al uso del microscopio para poder explorar la contaminación del agua.

En los Everglades recogeremos distintas clases de hojas y haremos un proyecto con ellas para la Feria de Ciencias de la escuela.

En los Everglades

—Mira, Alicia, ¡los cocodrilos!—exclamó Victor.

—Sí, Víctor, aquí en los Everglades hay muchos cocodrilos. También hay muchas aves que ya casi están extintas.

—¿Y qué significa eso?—preguntó Alicia.

—Eso quiere decir que ya quedan muy pocos animales de esa especie.

—Niños, vengan, dijo la maestra. Les voy a explicar las cosas que vamos a ver aquí en el Parque de los Everglades.

Los niños fueron con la maestra y aprendieron sobre las tribus de indios Seminoles y Miccosukee que viven en los alrededores del pantano.

También fueron a dar un paseo en un "bote de aire" que es el tipo de transporte que se utiliza para poder cruzar de un lugar a otro sobre las aguas empantanadas de los Everglades.

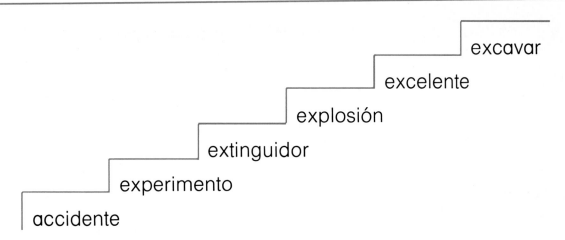

excavar

excelente

explosión

extinguidor

experimento

accidente

Mira estas escaleras. Lee las palabras que aparecen en sus escalones.

¿En qué se parecen las palabras que están en los primeros cinco escalones?

¿Por qué la palabra **accidente** no se parece a las otras?

¿Qué usan los bomberos para apagar el fuego?

Si vas a buscar el tesoro perdido debajo de la tierra, ¿qué debes hacer?

¿Qué palabra quiere decir lo mismo que **muy bien**?

Lee estos muñequitos.

Alex, vete al mercado y cómprame leche.

José, ¿me acompañas? Tengo que ir al mercado.

Vamos, mientras me como este plátano.

¡Oh! ¡Mira lo que has hecho!

Ahora contesta estas preguntas.
1. ¿Quiénes aparecen en estos muñequitos?
2. ¿Adónde tenía que ir Alex?
3. ¿Qué le pasó?
4. ¿Por qué se cayó Alex?

El invierno

El viento resopla,
bailan las palmeras,
vuelan los papeles
de las papeleras.
Agitan sus plumas
las aves viajeras,
huyen de la plaza
hasta primavera.

Alegría

¡Alegría, Alegría! ¿Dónde estás? Busca que te busca por aquí, busca que te busca por allá, Alegría no aparecía por ninguna parte. Su mamá estaba muy asustada.

Voló por todos los nidos, se asomó por todos los huequitos, buscó cerca de la laguna... Pero nada... ¡No estaba!

—¿Qué voy a hacer ahora? —preguntó su mamá. Debemos partir en seguida. Pronto empezará a soplar el viento helado. ¡Nos moriremos de frío!

Mientras tanto, Alegría estaba entretenida mirando los gusanitos, las nubes, los árboles, las ardillitas...

"Qué extraño —se dijo Alegría—. No veo ningún pájaro por aquí. ¿Qué habrá pasado? Quizá algún zorro ande cerca. Mamá me dijo que hay que tener mucho cuidado."

De pronto, todo se puso muy oscuro. Comenzaron a caer unas gotas muy gordas.

Alegría se cobijó debajo de un hongo extraño. "Brr, brr" —salió de su piquito, en vez de "pío, pío". Hacía tanto frío, que ya no podía mover sus alitas. Se acurrucó muy asustada y cerró los ojitos. "No debí alejarme del nido", pensó.

La lluvia se hizo más fuerte y comenzaron a caer piedritas.

—¡Mira! —exclamó Gabriela—. ¡Una pajarita!

—Pobrecita —dijo Antonio—, está muerta de frío. Llevémosla a casa.

Los niños llevaron a Alegría a su casa. La pusieron en una preciosa jaula junto a la ventana.

¡Pero Alegría estaba muy triste! Extrañaba mucho a su mamá y a sus hermanos.

Por la ventana veía el bosque, que ahora estaba cubierto por un manto blanco.

Gabriela y Antonio no sabían qué hacer para contentar a Alegría.

Los niños la llamaban Triste, porque así pasaba sus días la pajarita.

Pasaron los meses y todo siguió igual. Antonio y Gabriela estaban muy preocupados por su pajarita. Decidieron pedir consejo a su amigo el guardabosques.

Su casita estaba en medio del bosque, rodeada de flores y pájaros.

—La pajarita extraña mucho a su familia. Por eso está triste y no canta —dijo el guardabosques.

—¿Qué podemos hacer? —preguntó Gabriela.

—¡Debemos soltarla! —dijo Antonio—. No podemos tenerla con nosotros. Vamos rápido para la casa.

—Sí, vamos —contestó Gabriela.

Alegría salió volando por la ventana que daba al bosque: "Pío, pío, pío".

—¡Alegría! —piaron a coro los pajaritos.

—¿Dónde te habías metido? —le preguntó ansiosa su mamá.

—Pío, pío, pío.

—¿No te dije? —exclamó Antonio—. Yo sabía que la pajarita volvería a cantar.

Dime cómo tú los llamas...
yo te digo los demás

¡Socorro! ¡Llamen al vigilante!
¡Se me han llevado mi guajolote!

Pero... ¡Qué dice
este hombre!

Vamos a ver...
¿Qué le han quitado?

¿No me ha oído? ¡Alguien
se llevó mi guajolote!

¡No entiendo!
¿De qué color es
lo que usted busca?

Es color carmelita.
Igual que mis guaraches.

¡Entiendo menos que antes!

¡Yo le explicaré!
Al señor le han quitado su pavo, que es color marrón, como sus sandalias, y quiere que llamemos a la policía para que le ayude a encontrarlo.

La canción del viento

El viento entona
dulces canciones
para las aves,
para las flores;
para los niños
de mi jardín,
el viento teje
ronda infantil.

JUAN BAUTISTA GROSSO
(Argentino)

gue		gui

El **águila** es el ave nacional de los Estados Unidos.

En algunos países, al plátano lo llaman **guineo**.

El **merengue** es el baile típico de la República Dominicana.

Guillermo toca muy bien la **guitarra**.

¿Cuál es tu **juguete** favorito?

> Despiertas la "u" al leerme,
> no me notas al hablar,
> pronuncias mal por no verme
> y no me debes quitar.

güe

Pagué el paraguas al **paragüero**.

¿Eres alumno **bilingüe**?

güi

El **pingüino** vive en lugares fríos.

La **cigüeña** es un pájaro de patas largas.

Guido no quería llegar tarde a la escuela, y **en un vuelo** se desayunó.

La mamá dijo:

—¡Apúrense, que pierden la guagua!

Y **dicho y hecho**, la perdieron.

muy despacio

muy rápido

así fue

no fue así

Doña Primavera

Al día siguiente de su aventura, Blas, María y Gloria regresaron a la playa.

—Bueno —dijo Blas—. Nada de aventuras hoy. Mi tío Mario salió a pescar bien temprano. Dice que en esta época hay muchos peces.

—Pues yo no iría de pesca con tanto calor —dijo María—. Miren, ahí está el señor Guillermo. A lo mejor hoy nos cuenta otra historia.

Los niños se fueron muy contentos hacia la casilla del viejo marino.

Guillermo los recibió con una sonrisa y les pidió que se sentaran junto a él.

—Mejor entremos a la casilla —dijo María—. Aquí afuera hace calor.

—No te quejes —dijo Guillermo—. Voy a contarte una historia:

"Hace muchos, muchos años, en este pueblo no se conocían las flores. En los floreros ponían zanahorias, remolachas y hojas de perejil, y muchas mujeres adornaban con cebollas sus sombreros.

Todo esto pasaba porque la primavera nunca había pasado por aquí. Don Invierno era el único que nos visitaba y las noches eran muy largas y los días muy cortitos.

Los niños estaban aburridos de jugar con muñecos de nieve y pingüinos. Las abuelas estaban cansadas de tejer bufandas frente a la chimenea.

Mientras tanto, doña Primavera se aburría en su castillo sin saber qué hacer.

Suspiraba, y de su boca salían rosas, violetas y claveles. Esto habría divertido a unos cuantos, pero doña Primavera se aburría muchísimo.

El pobre don Primavero estaba muy preocupado:

—Tengo que pensar dónde puedo llevarla para que no se aburra —se dijo.

Entonces pidió a su amiga la cigüeña que buscara un lugar para llevar a su mujer. La cigüeña aceptó la misión y salió volando a recorrer el mundo.

Al poco tiempo, regresó al palacio y contó que llegó a una ciudad donde sintió mucho frío y no pudo entrar. Durante el viaje, se encontró con unas golondrinas que le contaron que nunca pudieron entrar en esa ciudad porque siempre hacía mucho frío.

—Ya está —dijo contento don Primavero—. Voy a escribirle una carta al rey de ese país para ofrecerle unas vacaciones.

Dicho y hecho. El señor Invierno aceptó encantado.

Primavera se puso un manto de pétalos de rosa y, en un vuelo, llegó a esta ciudad. La gente salió de sus casas para ver aquel manto tan hermoso.

Primavera tocaba los árboles y éstos florecían en el momento. Abría sus manos y salían macetas florecidas.

Primavera derramó flores por los campos, los jardines, las plazas. Los muñecos de nieve se derritieron y en su lugar quedaron charcos donde los niños jugaban con flores en el pelo.

Ahora era don Primavero quien se aburría. Extrañaba mucho a su Primavera y tenía mucho frío.

—Ya lo tengo —se dijo contento—. Ahora tengo que buscar a alguien que vaya a esa ciudad en lugar de Primavera.

Así fue como dio con los señores Verano y Otoño.

Desde entonces, se pusieron de acuerdo en vi-
sitarnos cada tres meses cada uno de ellos. Nadie
se aburrió nunca más ni se quejó del calor o del
frío. Sabían que en tres meses cambiaría el tiempo y también las tareas y los juegos."

—¿Qué les pareció la historia?

Soy un ave
con traje negro
y pechera blanca.
Vivo en el polo.

| la cigüeña |

| el pingüino |

Con mis cuerdas
se entonan
bonitas canciones.
Tengo la forma del número 8.

| la guitarra |

| el guisante |

Lee lo que les sucedió a Güendalina y a Félix:

Estaban jugando en el campo. De pronto, empezó a llover muy fuerte y tuvieron que regresar. Güendalina se puso a llorar. Pero Félix la consoló, diciéndole:

—No importa, ya pasará. Al mal tiempo, buena cara.

Ahora contesta estas preguntas:

1. ¿Por qué tuvieron que regresar los niños?
2. ¿Cómo se sentía Güendalina?
3. ¿Qué le dijo Félix a Güendalina?
4. ¿Por qué se lo dijo?

Todo crece

Plantemos un árbol

Plantemos un árbol
en este jardín,
que sea bonito,
que sea feliz,
como los niñitos
de nuestro país.

JUAN B. GROSSO
(Argentino)

De semilla a árbol

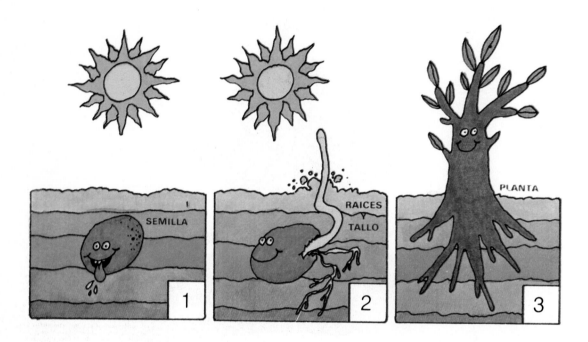

La vida de una planta consta de varias etapas. Para que nazca una planta hay que sembrar una semilla. De ella salen las raíces y el tallo, y así la planta va creciendo poco a poco. Del tallo salen las hojas.

Muchas plantas dan flores, que abundan en la primavera y en el verano y dan, además, frutos. Algunos de estos frutos son comestibles, como la manzana, la naranja, el plátano...

Para crecer, la planta tiene que alimentarse. Esto lo hace por las raíces que están debajo de la tierra. Es necesario que la tierra tenga alimento y agua. Las plantas los necesitan para crecer. Por eso se deben regar a menudo cuando la lluvia no es suficiente. El agua disuelve los alimentos y las plantas los absorben con más facilidad a través de las raíces.

En muchos casos, las plantas no encuentran en la tierra los alimentos que necesitan para crecer. Entonces el hombre debe abonar la tierra con un fertilizante apropiado.

RAICES, TALLOS, HOJAS, FLORES, FRUTAS...

¿Conoces alguno de estos vegetales y frutas?
¿Cuál te gusta más?

El hombre utiliza las plantas para muchas cosas. Uno de los usos más importantes es para la alimentación. No siempre es la misma parte de la planta la que se aprovecha como alimento.

De algunas plantas, como el maíz y el maní, se come **la semilla**; de otras, como el manzano y el naranjo, se aprovecha **la fruta**; de la lechuga comemos las **hojas**, y del apio, **el tallo**; de algunas plantas, como la papa y la zanahoria, se come la **raíz**, y de algunos se aprovecha su **flor**, como la coliflor.

ad	ab	ap	ob

admitir   **ab**sorber   **ap**to   **ob**tener
adquirir   **ab**suelto   **ap**ta   **ob**servar
advertir   **ab**soluto   **ap**titud   **ob**sequio

Para esta película no se **admiten** niños. No es **apta** para menores.

Las plantas **absorben** sus alimentos por las raíces.

No es **apto** para el servicio militar porque no ve bien.

El niño **obtuvo** un premio por sus buenas notas.

Debemos **observar** las leyes de tránsito.

¿Qué **obsequio** vas a llevar a la fiesta?

Lee estos muñequitos.
Luego contesta las preguntas.

¡Obdulia, mira el globo que me han regalado!

¡Cuidado, Alberto, que hay mucho viento!

Yo lo tengo bien sujeto.

¡Corre, Alberto!

BLAM

¿Cuánto infló Alberto el globo?
¿Por qué le dijo Obdulia que tuviera cuidado?
¿Qué le pasó al globo?
¿Cómo se sintió Alberto?

Historia de un árbol
que se convirtió en música

—¡Hola! Voy a contarles mi historia.

Quizá sea parecida a muchas otras. Pero como es la mía, me parece muy interesante.

Mi vida comenzó hace muchos, muchos años, cuando un picaflor dejó caer un carozo de cereza aquí nomás.

¡Sí! A los pájaros les gustan las frutas tanto como a ustedes. Bueno, como les decía, un picaflor dejó caer una semilla aquí, donde la tierra era húmeda y fértil.

En poco tiempo, el carozo se abrió. La pepita que tenía dentro comenzó a germinar.

¡Mira! ¿Qué planta será ésta?

Pues parece un arbolito.

Pasó todo un verano y todo un invierno. Cuando llegó la primavera, yo ya era un hermoso brote de cerezo.

Así fue. Ya era un arbolito.

Los dos niños me cuidaron mucho.

Me regaban cuando no llovía suficiente, y hasta me ataron a una estaca para que creciera derechito y no me doblara con el viento. También me curaban si las hormigas hacían su hormiguero entre mis raíces.

   Hablando de raíces, les diré que me alimento a través de ellas con el jugo de la tierra. El jugo pasa por mi tronco y llega hasta mi copa, que es mi cabeza.

   No se imaginan cuánto me he divertido y qué bonito me he puesto con las cosquillas que me hacía la luz del sol. Y qué bonito solía ponerme cuando me llenaba de flores parecidas a la rosa silvestre.

La boda de Obdulia fue muy bonita. Me emocioné mucho. Por un tiempo, me sentí muy triste. Pensé que no la volvería a ver.

¡Pero me equivoqué! Obdulia me visitó muchas veces y conocí a sus hijos. Se hicieron grandes bajo mi sombra.

¡Ni les cuento los banquetes que se hacían con mis frutos! Así pasaron muchísimos veranos.

Mis raíces se fueron haciendo más y más grandes. Mi tronco se puso mucho más grueso. Empecé a sentirme un poco cansado y hace algunos años que ya no doy más frutos. Ya no sirvo para mucho y mi historia como árbol termina aquí...

¡Hola! Aquí estoy de nuevo.

Al principio, me asusté mucho con tanto ruido. Pensé que mi vida terminaba. Pero no fue así. Me han transformado en un hermoso piano. He vuelto a ser útil. Y aunque ahora me alimento con notas de música, estoy seguro que si Blas y Gloria me siguen cuidando, podré ver crecer a sus hijos y a muchos otros cerezos a través de la ventana.

¿No les parece?

Mira estos carteles.

Seguro que los has visto antes. Léelos. Explica lo que quiere decir cada uno.

1. No se admiten perros

2. Observe las reglas de tránsito

5. Advertencia

3. Adquiera los billetes en esta oficina

6. Película no apta para menores de 18 años

4. Obsequios de boda

Lee este cuento:

Pasaban los días. El sol calentaba más que nunca. Pero el tomatito seguía de color verde amarillento. Los niños venían al huerto a coger vegetales para la ensalada, y al verle decían:

—No, ése no, que debe estar muy soso... Esperemos que madure.

El pobre tomate no perdía las esperanzas de convertirse algún día en un tomate sabroso.

CARMEN VÁZQUEZ VIGO
(Española)

Contesta las preguntas:

¿Qué hacían los niños en el huerto?

¿Por qué se sentía triste el tomatito?

¿Para qué se usan los tomates?

¿Qué color tienen los tomates cuando están maduros?

La alimentación

Adivina lo que vas a comer.

Agua pasa por mi casa,
cate de mi corazón,
el que no me lo adivine
es un niño cabezón.

piragua	aguacate
guarache	guajolote

Oro parece,
plata no es,
el que no lo acierte
bien bobo es.

guayaba	güiro
plátano o guineo	

Una cajita blanca,
blanca como la cal,
que todos saben abrir
y nadie sabe cerrar.

cebolla	ajo
huevo	guiso

Cambio de z en c al formar el plural.

¿Cómo se forma el plural de las siguientes palabras?

lápiz—lápices	raíz—raíces	voz—voces
arroz—arroces	naríz—narices	luz—luces
feliz—felices	cruz—cruces	feroz—feroces

Las palabras que terminan en z, la cambian en c y añaden es para formar el plural.

Lee la oración; observa la palabra subrayada. Mira cómo se han transformado en el recuadro correspondiente.

1. La <u>cruz</u> es de madera. | cruces |

2. El <u>juez</u> dictó su sentencia. | jueces |

3. Enciende la <u>luz</u>. | luces |

4. El león es un animal <u>feroz</u>. | feroces |

5. Me gusta el pan de <u>maíz</u>. | maices |

6. El mundo necesita <u>paz</u>. | paces |

7. Mi <u>disfraz</u> es muy bonito. | disfraces |

8. Es mi cumpleaños ¡Qué <u>feliz</u> me siento! | felices |

9. Luisa tiene un <u>lápiz</u>. | lápices |

10. Yo soy <u>capaz</u> de nadar. | capaces |

    a. ¿En qué se parecen las palabras subrayadas?

    b. Las palabras del recuadro están en ¿Singular o plural?

    c. ¿Cómo se forma el plural de las palabras terminadas en | z |?

Cómo nacemos y cómo crecemos

Desde que aprendí a leer, busco en los libros cómo nacemos, cómo crecemos y cómo nos hacemos mayores.

Así descubrí que antes de nacer fui como una semilla dentro del vientre de mi mamá.

Me alimentaba a través del cordón umbilical y fui creciendo de a poquito, hasta que después de nueve meses

¡NACI!

Yo no me acuerdo nada de lo que pasó; pero mi mamá me dice que era muy pequeñito y lloraba todo el día y toda la noche.

¿Y saben por qué? Pues porque tenía mucha hambre. Sí; desde que nacemos tenemos que comer.

Al principio, como todos los bebés, no tenía dientes. Sólo podía mamar, porque no podía masticar.

Luego me salieron los dientes.

Ya podía comer.

Primero me ayudaban los mayores. Después aprendí a comer solo.

Tuvieron muy buen cuidado con mis alimentos y en pocos meses me convertí en un niñito sano y fuerte.

Esta foto la tomé del álbum de la familia.

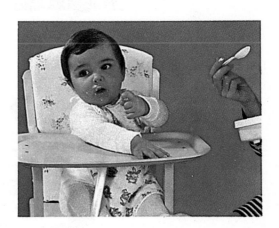

Pero eso no fue todo.

Seguí buscando en los libros para saber mucho más de mí.

Así descubrí que...

No sólo los alimentos son importantes; para crecer sanos y fuertes, también necesitamos la luz del sol y el aire puro.

Todos los niños no crecen de la misma manera. En algunas épocas crecemos más que en otras.

Nuestro cuerpo seguirá creciendo hasta que tengamos veinte años.

Tengo que leer mucho más todavía para saber cómo seguir CRECIENDO de ahora en adelante.

La pirámide de la nutrición

No es lo mismo comer mucho que comer bien.

Los alimentos se dividen en seis importantes grupos.

6. grasas, aceites y dulces
muy poquito

4. leche, yogurt
y queso
2–3 raciones

5. carne, aves, pescado,
frijoles, huevos
y nueces
2–3 raciones

2. vegetales
3–5 raciones

3. frutas
2–4 raciones

1. pan, cereal,
arroz y
pasta
6–11 raciones

Un jardín sin tierra

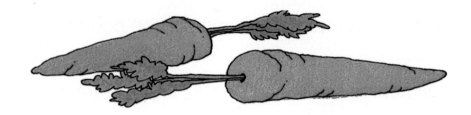

Cuando coman zanahorias en tu casa, pide que te guarden la parte donde salen los tallos o ramitas.

Pide que te corten una lata por la mitad. Llénala con piedritas y sujeta con ellas los trozos de zanahoria. Luego, echa toda el agua que entre en la maceta.

Verás cómo en poco tiempo las ramitas empezarán a crecer y a llenarse de hojas. Acuérdate de tener siempre la lata llena de agua.

¿Por qué crees que se debe tener siempre la lata llena de agua?

Mira los dibujos. Lee las palabras.

el queso   la lechuga   los frijoles   la mantequilla

el jamón   el pescado   los huevos   la pera   el bizcocho

Lee las preguntas y contéstalas:

1. El bizcocho y los frijoles, ¿a qué grupo pertenecen?
2. ¿Cuáles son las frutas y los vegetales?
3. ¿En qué se parecen el queso y la mantequilla?
4. ¿A qué grupo pertenecen los huevos, el pescado y el jamón?

voz lápiz avestruz vez	Mira las palabras de los dos recuadros. Léelas. Ahora contesta estas preguntas.	voces lápices avestruces veces

1. ¿En qué se parecen las palabras del primer recuadro? ¿Y las del segundo?
2. ¿En qué se parecen las palabras **voz** y **voces**? ¿En qué se diferencian?
3. ¿Qué quiere decir **es** al final de vec**es**?
4. ¿Cómo se llama un ave de patas y cuello largo? ¿Y dos de esas aves?
5. Si dos de tus amigos no tienen con qué escribir, ¿qué les puedes prestar?

La historia de San Francisco

Este pequeño pueblito nació en el año 1776. ¿Saben cómo se llamaba? Yerba Buena. Tenía una misión y un presidio.

Setenta años después, llegaron 200 colonizadores en un buque llamado "Brooklyn". Trajeron con ellos herramientas, dos molinos y una imprenta.

Un año más tarde el pueblo cambió de nombre. Lo llamaron San Francisco, en honor a San Francisco de Asís, patrono de la misión.

El pueblo iba creciendo. Gracias a su puerto, llegaba gente de todas partes. Construían sus casas cerca de él. Así el pueblo empezó a ser una pequeña ciudad.

En 1848 se descubrió que había mucho oro cerca de esta ciudad. ¡Venía gente de todas partes a buscar oro! Y se quedaban a vivir en la ciudad.

La ciudad seguía creciendo. La "fiebre del oro" fue tan grande, que la ciudad no tenía lugar para tanta gente. Hubo que abrir más escuelas, más hospitales, más teatros.

¡Más grande! ¡Más gente! Las colinas no dejaban crecer más a la ciudad. Era muy difícil el paso de los carros y coches por las calles. Entonces aparecieron los tranvías, que recorren partes de la ciudad. También se abrieron túneles para pasar a través de las colinas.

¡Hoy la ciudad de San Francisco tiene más de 700.000 habitantes! A su puerto llegan barcos de todas partes del mundo con carga, pasajeros y pescados. Todavía quedan casas de cuando era un pequeño pueblo. Están al lado de grandes y modernos edificios. ¡Cómo creció el pequeño pueblo! ¿Verdad?

¡Así es mi ciudad!

Mi ciudad es preciosa.

Tiene un parque muy bonito donde voy a jugar todos los días.

Cada vez que voy al parque, me olvido de que estoy en la ciudad.

Me parece que estoy en el campo.

Hay muchos árboles, flores y un montón de espacio para correr y brincar.

¿Quieres que te la muestre?

Mira las palabras que están dentro del globo. Léelas.

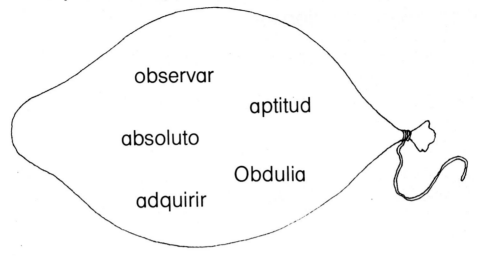

observar

aptitud

absoluto

Obdulia

adquirir

Ahora contesta estas preguntas:

1. ¿Qué palabra empieza igual que **apto**? ¿Y como **absorber**? ¿Conoces otras?

2. ¿Cuál de estas palabras es el nombre de una persona?

3. ¿Qué palabra quiere decir lo mismo que:
   a) **conseguir**?
   b) **mirar**?

¿Uno o más de uno?

Lee estas palabras:

pez	cohetes	voces	raíz
avestruces	voz	anillo	luces

Ahora contesta estas preguntas:
1. ¿Cuáles de estas palabras nombran una sola cosa?
2. ¿Cuáles nombran más de una cosa?
3. ¿Cómo lo sabes?

Dime cómo tú los llamas...
yo te digo los demás

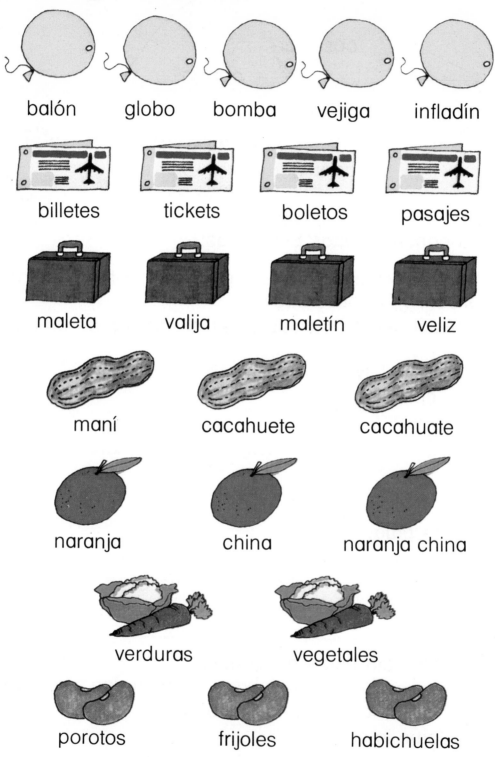

balón   globo   bomba   vejiga   infladín

billetes   tickets   boletos   pasajes

maleta   valija   maletín   veliz

maní   cacahuete   cacahuate

naranja   china   naranja china

verduras   vegetales

porotos   frijoles   habichuelas

El campo y la ciudad

Calles y caminos

Las ciudades tienen calles
y el campo tiene caminos...

Las ciudades tienen fábricas,
mucha gente, mucho ruido...

Y en el campo sólo se oyen
de los pájaros los trinos...

ELEONOR FARGUEON

Del campo a la ciudad
¿Qué nos da el campo?

El campo nos da los frutos que sirven de alimento. Al principio, el hombre lo cultivaba solo o con un arado.

En el campo pastan los animales que nos proveen de alimentos y artículos de vestir. Aquí se elaboran algunos productos.

No sólo nos ofrece alimentos. También podemos descansar, pasear, recrear nuestra vista y respirar aire puro en los bonitos paisajes que ofrece el campo.

¿Qué nos da la ciudad?

En la ciudad hay fábricas de donde salen toda clase de maquinarias para aliviar el trabajo en el campo.

Es en la ciudad donde se elabora la mayor cantidad de productos.

Así, tenemos zapatos, ropas y alimentos en los mercados.

También podemos gozar mucho en la ciudad. Los cines, los teatros, los paseos...

Las maravillosas vistas de los rascacielos, puentes, túneles...

Aunque el aire no es tan puro, se está haciendo todo lo posible para mantenerlo mejor.

brar	brir	drir

sembrar
celebrar
quebrar
nombrar

cubrir
abrir

pudrir

trar	prar	drar

entrar
encontrar

comprar

almendrar
empedrar

Para que crezca esta planta, debemos sembrar esta semilla.

Vamos a almendrar el bizcocho para que quede sabroso.

Hoy nos toca ir al mercado a comprar.

No le digan que vamos a celebrar su cumpleaños.

Tienes que encontrar el pedazo que falta del rompecabezas.

¿Quién dijo?

Lee las palabras del recuadro. Después lee las oraciones.

Ahora busca la palabra que nos dice quién pronunció la oración.

la maestra
el papá
el jardinero
los niños
la mamá

1. —¡Levántate, Juan, que vas a llegar tarde!
2. —Ya es hora de que pode las rosas.
3. —Vamos al parque a jugar.
4. —Deben levantar la mano antes de hablar.

Gloria "descubre" su ciudad

Gloria estaba muy triste.

Llegó carta de su papá. ¡Encontró trabajo en esa ciudad tan grande y ahora quería que fueran para allá!

Gloria no quería moverse de su pueblo. Allí tenía sus amigos, su escuela, su maestra...

Todo por culpa de su tío Junior, que había escrito a su papá desde esa ciudad, se decía.

También sus amigos estaban muy tristes. ¡Cómo la iban a extrañar!

—Después de todo, no debe ser tan feo mudarse —le dijo un día Blas—. ¡Ojalá yo pudiera viajar en avión como tú! ¡Debe ser emocionante!

Pero a Gloria nada le emocionaba.

Soñaba todo el día que el cartero venía con otra carta de su papá y le decía que ya no hacía falta tomar el avión. Que él volvería al día siguiente.

Como no pudo parar el tiempo, los días pasaron volando y llegó el día tan temido.

Todo el pueblo estaba en la estación...

—En unas horas estarás en el aeropuerto —le dijeron sus amigos.

—No te olvides de escribir —le pidió su maestra.

—Estoy seguro de que la ciudad va a gustarte mucho —le murmuró al oído el señor Guillermo.

Todo el mundo hablaba al mismo tiempo. Cada uno le trajo un pequeño regalo.

—Para que no te olvides de nosotros —le dijeron.

¡Pii, pii, pii…! El tren entró pitando en la estación. De pronto, Gloria se sintió alzada y en un momento el tren partió.

Vio muchas caras juntas que le hablaban y un montón de manos que le decían adiós.

A Gloria todo le parecía un sueño.

Cuando el tren llegó a destino, tomaron un taxi hacia el aeropuerto.

En el avión, Gloria se sintió muy a gusto. Aunque se asustó un poco cuando llegó el momento de aterrizar.

Otras caras nuevas le esperaban en el aeropuerto de la ciudad. Entre todos esos parientes que no conocía... ¡estaba su papá!

Gloria corrió a abrazarlo y se olvidó de todo. Se sentaron en el carro del tío Junior y pasearon por las calles de la gran ciudad. ¡Cuánto ruido! ¡Cuántos carros! ¡Cuánta gente! ¡Cuántas luces! Gloria miraba todo muy extrañada. Nunca se imaginó que era así.

    ¡Y su apartamento! Era tan distinto a su casita en el pueblo.

    ¡Pero no era feo! Por la ventana podía ver la calle y algunos niños jugando.

    Gloria se quedó mirándolos por la ventana.

    —*What is your name?* —le preguntaron gritando Bob y Ana.

    —¿Qué digo ahora? —se preguntó—. ¡No entiendo nada!

    Gloria les hizo señas de que no entendía.

    Los niños, desde la calle, contestaron sus señas y pidieron que bajara a jugar con ellos.

—¿Puedo bajar? —preguntó Gloria.

—Claro que sí —le contestaron sus padres.

Mientras bajaba la escalera, Gloria pensaba:

"Después de todo, no me parece tan mal vivir en la ciudad. Creo que me voy a divertir mucho. ¡Y ya tengo amigos! También me parece que ya sé un poco de inglés. ¡Y si no sé, voy a aprender! ...*What is your name? What is your name?*"

Lee las palabras que están en el recuadro.

cobrar	entrar	obrar
alfombrar	cubrir	abrir

Ahora contesta estas preguntas:

1. ¿Cuáles de las palabras del recuadro riman con **celebrar?**

2. Si la puerta está cerrada, ¿qué tienes que hacer para entrar?

3. ¿Qué palabra quiere decir lo contrario de **salir?**

4. ¿Qué palabra quiere decir lo mismo que **tapar?**

Lee lo que le sucedió a la mona.

Perla, nuestra mona, se estaba divirtiendo asustando a las ovejas. Les hacía muecas y saltaba detrás de ellas. Las ovejas corrían y balaban espantadas. Mi padre llamó a la mona y la ató con una cadena.

—Se está volviendo muy majadera —dijo mi madre— y nos va a complicar la vida en el pueblo. Lo mejor será que la llevemos al zoológico.

Así fue como Perla terminó en el zoo.

Lee estas oraciones desordenadas y di cómo sucedieron las cosas.

○ Perla vivía en el zoológico.
☐ Papá ató a la mona con una cadena.
▲ Mamá dijo que había que llevarla al zoo.
☐ La mona asustaba a las ovejas.

En la ciudad

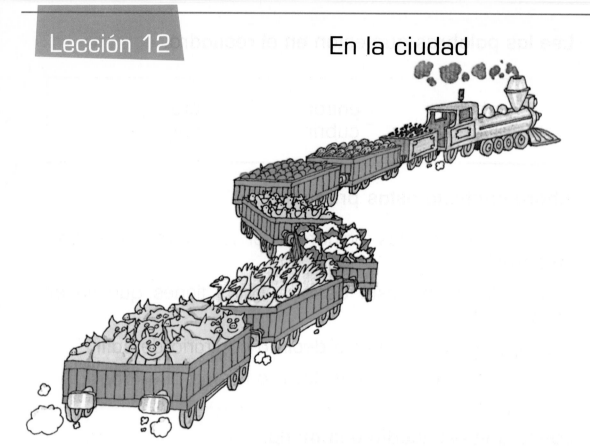

El trencito ya se va

Chiqui-chac, chiqui-chac,
el trencito ya se va.
Chiqui-chac, chiqui-chac,
se va para la ciudad.

Lleva entre sus vagones,
chiqui-chac, chiqui-chac,
cocos y melocotones.
Chiqui-chac, chiqui-chac.

También lleva coliflores,
pollos, pavos y lechones,
y un montón de cosas más
desde el campo a la ciudad.

Chiqui-chac, chiqui-chac.

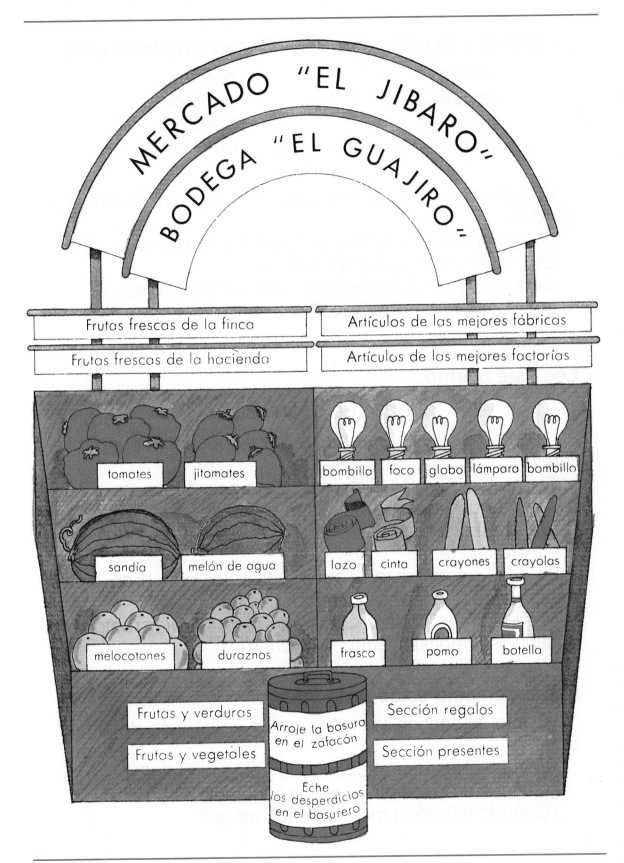

MERCADO "EL JIBARO"

BODEGA "EL GUAJIRO"

Frutas frescas de la finca

Artículos de las mejores fábricas

Frutas frescas de la hacienda

Artículos de las mejores factorías

tomates | jitomates

bombilla | foco | globo | lámpara | bombillo

sandía | melón de agua

lazo | cinta | crayones | crayolas

melocotones | duraznos

frasco | pomo | botella

Frutas y verduras

Sección regalos

Arroje la basura en el zafacón

Frutas y vegetales

Sección presentes

Eche los desperdicios en el basurero

Siempre **m** antes de **p**	Siempre **m** antes de **b**
campo	bomba
campesino	bombero
campana	bombilla
campanario	bombones

El campesino cuidó muy bien el campo de tomates y sandías.

Los bomberos apagaron el fuego y salvaron a los niños.

Esa bombilla no alumbra mucho.

Cuando suene la campana, todos deben sentarse.

¡Los bombones de chocolate son deliciosos!

Lee este cuento:

¡Llega el gran día!

Llegamos muy temprano al teatro con nuestros familiares.

Todos lucimos los disfraces. Estamos nerviosos y con deseos de que nuestro baile sea el mejor.

La maestra grita:

—¡Arriba el telón!

La música empieza. Todos bailamos con gran entusiasmo, y al terminar se oyen fuertes aplausos.

Nos miramos unos a otros con alegría. De pronto cae el telón y la maestra entra a felicitarnos.

Ahora contesta estas preguntas:

¿Cómo se sentían los niños antes y después de la función?

¿Cómo sabes que al público le gustó el baile?

¿Qué hicieron los niños al llegar al teatro?

¿Cuándo felicitó la maestra a los niños?

El semáforo que no quería ser semáforo

Un buen día apareció en la calle del barrio un semáforo. Nunca se supo quién lo había puesto allí.

Como hacía mucha falta, nadie se preocupó de hacer preguntas. Todos los del barrio estaban muy contentos.

Gracias al semáforo, los niños cruzaban tranquilamente la calle para ir a la escuela. Los padres no tenían que apurarse al volver del mercado. Y los abuelos podían ir a dar una vuelta, gracias al semáforo.

El semáforo era nuevo y reluciente. Echó una mirada a la derecha y otra a la izquierda y se dijo:

"Para empezar, no está mal este barrio".

Y comenzó su trabajo. Encendía sus luces: roja, amarilla y verde, como le habían enseñado en la Escuela de Semáforos.

Cuando encendía la luz roja, todos se paraban.

Encendía la verde y se ponía en marcha el tráfico, y cuando encendía la amarilla, todo el mundo se detenía para ver cuál se encendía después.

Pasó el tiempo y el semáforo seguía en aquel barrio. Pero ya no estaba tan contento. Estaba cansado de tanto toser. Un montón de carros echándole humo todo el día. Sí. A veces, la gente se quedaba parada sin saber qué hacer. Las tres luces estaban negras. Nadie podía ver cuál se encendía. ¡Y los ruidos! Bocinas por aquí, gritos por allá. ¡Prrr, prrr!

Por eso, el semáforo del barrio se cansó y se volvió malo y orgulloso. Y comenzó a portarse mal.

Cuando le apetecía, encendía la luz roja y todos los carros tenían que detenerse. Encendía la luz verde y los peatones se ponían a cruzar la calle.

Y cuando estaban en medio... encendía de prisa la luz roja y todos tenían que correr para no ser atropellados por los coches. Entonces se reía para sus adentros.

"Pero al final de cuentas, esto me está cansando. No es tan divertido", se dijo el semáforo.

Y decidió ponerse en huelga y no trabajar para nada. No encender ninguna luz.

A la mañana siguiente, se presentaron los obreros del Municipio. Sacaron martillos, destornilladores, pinzas... y comenzaron a enredarle las tripas.

—Este no va a gastar más bromas con las luces —dijo uno.

Al semáforo no debía hacerle mucha gracia, porque encendía todas las luces al mismo tiempo y gritaba: "¡No hay derecho! ¡Esto no se hace!"

Entonces, sintió un corte y se desmayó. Al despertar, se encontró encima de un montón de hierros. Había coches viejos, ruedas aplastadas, un trozo de farol...

"¿Qué va a ser de mí ahora? ¡En bonito lío me he metido!", lloraba el semáforo con lagrimones llenos de tierra. Creyó que su vida había terminado entre un montón de hierros viejos.

¡Ya nadie se ocuparía de él!

Pero no fue así. Cargaron los hierros en un camión y un buen día el semáforo apareció, pintado y reluciente, en la calle principal de un pequeño pueblo.

Allí sí que no había humo y encendía orgulloso
sus luces. Todo el pueblo no hacía más que hablar del semáforo reluciente. Y el semáforo nunca
más se enojó. Había comprendido que estaba allí
para ayudar a los demás. Ahora estaba tranquilo y
limpito en una tranquila calle de pueblo.

Lee estas dos adivinanzas y las palabras que están a su lado.

Ahora lee en voz alta la respuesta correcta.

Me pongo la capa para bailar,
me quito la capa para bailar.
Yo no puedo bailar con capa,
y sin capa no puedo bailar.

trompeta

tambor

trompo

campesino

sombrero

bombón

Lee las palabras.

○ campo   ▲ tambor   ○ romper   ○ campanario
▲ bombero   ○ lámpara   ▲ timbre   ▲ cambio

Ahora contesta estas preguntas.

¿En qué se parecen las palabras que tienen el círculo delante?

¿Y las que tienen el triángulo?

¿Qué pasaría si...

1. ...en vez de arrojar la basura en el basurero la arrojáramos en un lago?

2. ...en las ciudades no hubiera semáforos?

Hacia un mundo mejor

La esperanza del Sol

Un día el Sol convocó
una reunión oficial
para poder informar
lo que desde el cielo vio.

¡Habitantes de la Tierra
pongan todos atención!
Si no se toman medidas
quedarán sin protección.

Gases y humos nocivos
dañan la capa de ozono
y mis rayos ultrafinos
penetran y queman todo.

Al oír esto las aguas
de ríos, lagos y mares
también lanzaron sus quejas
y presentaron sus males.

Nuestras aguas ya cargadas
de tanta contaminación
no producen agua clara
que evite intoxicación.

Los bosques apresurados
quisieron unir su voz:
si nos siguen maltratando
no tendrán vegetación.

Nadie en la Tierra escuchaba
a la llamada del Sol
y a toda la naturaleza
él entonces acudió.

El gran Apóstol Martí
siempre en los niños confió
y la esperanza del mundo
él en sus manos cifró.

¿Por qué no a ellos llamarlos
para poder ver si unidos
puedan así ayudarnos
y evitar más desvaríos?

Los niños sí respondieron
a la llamada del Sol,
y juntos todos se unieron
en una entusiasta misión.

Limpiaron ríos y lagos
de tanta contaminación
y de bosques y pantanos,
pararon su destrucción.

Sus voces fueron tan fuertes
que muchos a ellos se aliaron,
y el Sol miró reluciente
cómo a la Tierra salvaron.

ARNHILDA BADÍA

¿Cómo está el mundo en que vivimos?

¡Cuántas cosas bonitas o útiles tenemos a nuestro alrededor!

¡Nos hacen la vida más cómoda y feliz!

Pero a veces, estas cosas también nos perjudican, porque arruinan lo que necesitamos para vivir.

Los carros nos llevan a pasear o a trabajar, pero despiden gases que contaminan el aire. Cuantos más carros circulen por las calles, peor se pondrá el aire que tenemos para respirar.

También el humo que despiden las chimeneas de las fábricas contamina el aire y hace que las paredes de las casas se vean negras.

La contaminación del aire enferma los pulmones y desgasta más rápido las paredes y los metales.

El agua nos sirve para lavarnos y para limpiar todo lo que usamos. Pero el jabón y los detergentes que necesitamos para lavar contaminan el agua. Esto hace que los peces y las plantas que viven en el agua mueran.

El veneno que se usa para acabar con los insectos dañinos puede acabar también con los animales que necesitamos para poder vivir.

¿Qué podemos hacer para mejorarlo?

Todos podemos ayudar a combatir la contaminación del ambiente.

También se han creado muchos sistemas para los distintos problemas que tenemos hoy en día.

Todos los días se juntan toneladas de basura. Los lugares que se usan para depositarla ya no son suficientes.

Para aliviar este problema, debemos tener mucho cuidado al recogerla y tratar de volver a usar los frascos, las cajas . . .

Los metales, el papel y el vidrio también puedan volver a usarse. Los deshacen y los vuelvan a fabricar.

Esto es lo que se conoce como reciclaje. ¿Sabías que una lata de aluminio tarda entre 80 y 100 años en descomponerse? Una botella pláastica, entre 50 y 80 años y las bolsas plásticas veinte años en desaparecer..

No sólo dañamos el aire, el agua y la tierra.

También corremos peligro de que muchos animales desaparezcan de la Tierra.

Por eso, existen leyes que projiben cazar ciertos animales que corren peligro de desaparecer.

Otra cosa que debemos protegerson los árboles. Por cada tonelada de papel períodica que se recupere, se le salva la vida a diecisiete árboles.

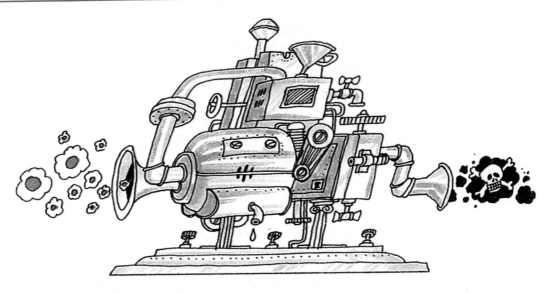

Para aliviar la contaminación del aire, se colocan aparatos especiales en los motores de los carros.

Las chimeneas de las fábricas tienen equipo especial para filtrar el aire.

Cada uno de nosotros que decida no quemar las hojas del jardín, o no usar el veneno para insectos que sea dañino, o aprovechar frascos vacíos, o no tirar la basura en cualquier parte, estará ayudando a que no se contamine el ambiente.

Ya hemos visto cómo poco a poco se han ido contaminando el aire, la tierra y el agua alrededor de nosotros.

Además, hemos aprendido diferentes maneras de cómo aliviar esta contaminación.

Mira los tres dibujos y lee las oraciones que tienen debajo. Escoge la oración que dice lo que está ocurriendo en el dibujo.

☐ Este río está contaminado con latas y botellas que han arrojado en él.

☐ Este río no está contaminado con botellas, latas y detergentes.

☐ El aire está contaminado por detergentes y botellas.

☐ El aire está contaminado por el humo de carros y aviones.

☐ La contaminación del parque se debe a que arrojamos basura fuera de los basureros.

☐ La contaminación del parque se debe al humo de los carros.

¿Qué harías tú para aliviar la contaminación del río, del parque y del aire?

¡A viajar!

Lee esta poesía.

Antonio viaja que viaja
por tierra, por mar y por aire.
Va de un continente a otro
porque el mundo ya no es grande.
Mira desde su avión
cordilleras y ciudades,
como si, soñando aún,
sobre algún mapa trazase
con el dedo rutas, rumbos.

....

JORGE GUILLÉN
(Español)

Los transportes ayer y hoy

Dime cómo tú los llamas... yo te digo los demás

paleta

cometa

guares

chambelona

papalote

guaretos

chupaleta

chiringa

cuates

chupetín

volantín

mellizos

pilón

huila

pizcucha

gemelos

chupa-chú

barrilete

jimaguas

Si vas a viajar, recuerda que
en toda América no se habla igual.
Tú sabías muchos nombres;
ahora sabes muchos más.

traje trapo trabalenguas tráfico	transporte transportación transparente transmitir
trampa tramposo trampolín	tránsito tranque tranvía

Cuando hay mucho tráfico se forman tranques en las calles.

La radio nos transmite las últimas noticias.

Se le dice tramposo al que hace trampas.

Este plástico es transparente.

¿Sabes algún trabalenguas?

Lee este cuento:

Ayer caminaba por la calle y vi humo. Oí la sirena y corrí a ver qué pasaba.

De pronto, llegó el carro de bomberos y todos se bajaron.

Un bombero apoyó la escalera en la pared, mientras otro subía por ella.

Al mismo tiempo, otro desenrollaba una manguera, por donde salía un chorro de agua.

La gente gritaba:

—¡Qué rapidez!

—¡Qué valientes!

Y en pocos minutos el fuego estaba apagado.

Ahora contesta estas preguntas:

¿Qué aprendiste de este cuento?

¿Qué título le darías a este cuento?

¿Qué pasó primero?

☐ Salía un chorro de agua.   ☐ Oí la sirena.

¿Cómo se sentía la gente al final de la historia?

Por tierra, por mar y por aire

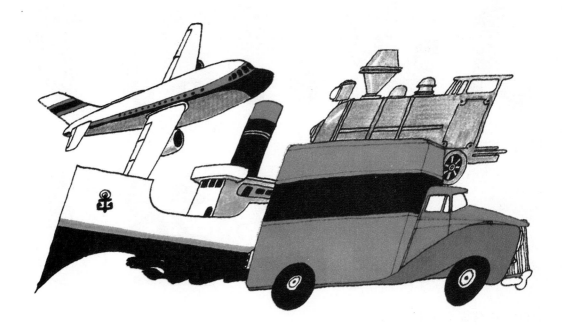

—¡Cómo me gustaría visitar otros países! —dijo Angel—. Pero quedan muy lejos.

—Hoy no importa que los países estén lejos. Es muy fácil llegar a ellos gracias a los transportes —replicó su hermano Víctor.

—¿Qué pasaría si no existieran los transportes? —preguntó Angel.

—Pues... Una de las cosas sería que, por vivir en una ciudad, no podríamos comer frutas y verduras, a menos que tuviéramos una porción de tierra para plantarlas. Y eso es un poco difícil, ¿verdad? Gracias a los transportes, nos llega de cualquier parte todo lo que necesitamos. Y también gracias a los transportes podemos mandar a distintos lugares todo lo que otras personas necesitan. ¿Quieres que te cuente cuáles son las distintas vías de transporte? —siguió Víctor—. Escucha:

Por tierra

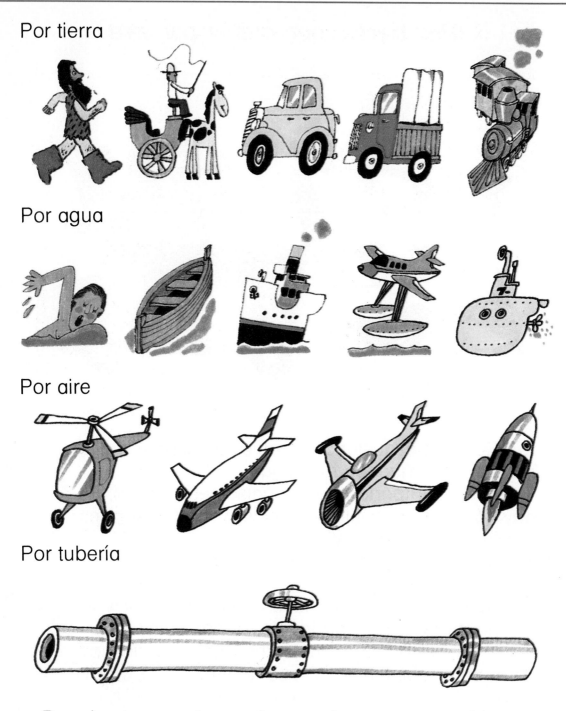

Por agua

Por aire

Por tubería

Pero los transportes no fueron siempre como ahora.

Hizo falta investigar y trabajar mucho a través de los siglos.

¿Quieres que te muestre ahora cómo progresaron los transportes? —preguntó Víctor—. Verás:

¡De 2 millas y media por hora a 25.000!

Un día, el hombre se dio cuenta de que caminando iba muy despacio.

Decidió hacer algo para ir más rápido y poder transportar cosas pesadas de un lugar a otro.

Al principio recorría 2 millas y media por hora, y hoy, después de muchos años, recorre 25.000 millas por hora.

Usó el primer medio de transporte cuando se dio cuenta que podía subirse al lomo de un animal.

Luego inventó la rueda.
Después construyó el carro.
Así aprovechó la rueda y el animal.

Este es un barco egipcio de vela, que navegaba por el mar Mediterráneo llevando a su reina.

Mil años más tarde apareció este coche, que llevaba a las mujeres de Persia.

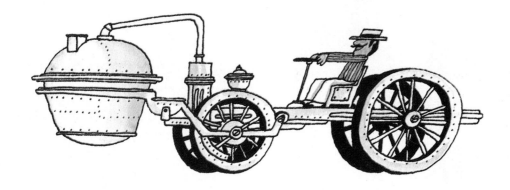

En el año 1770 un francés, Cugnot, construyó el primer carro a vapor.

Este es uno de los primeros barcos a vapor. Pero todavía se ayudaba con velas.

Esta primera locomotora a vapor llevó 5 vagones y 50 pasajeros.

No fue suficiente ir por mar y por tierra.

En el año 1807 los hermanos Montgolfier volaron en globo.

En el año 1903 los hermanos Wright hicieron el primer vuelo en este avión.

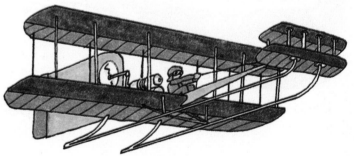

Este es uno de los primeros automóviles Ford, del año 1903.

Luego se fueron mejorando y haciendo más y más rápidos.

Los trenes de motor diesel a petróleo ocuparon el lugar de los de vapor.

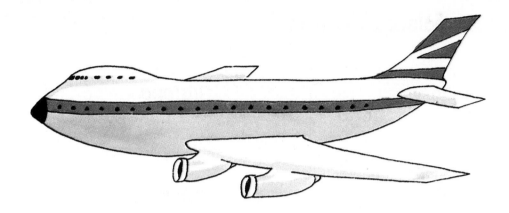

Por el aire aparecieron los helicópteros y los aeroplanos, cada vez más veloces.

La energía atómica fue aplicada a los transportes. Este es el "Savannah", que se mueve con energía atómica.

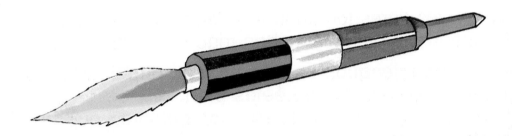

Finalmente, llegamos al cohete, con el que los astronautas llegaron a la Luna a una velocidad de ¡25.000 millas por hora!

¿Qué vendrá después?

Mira las palabras. Léelas.

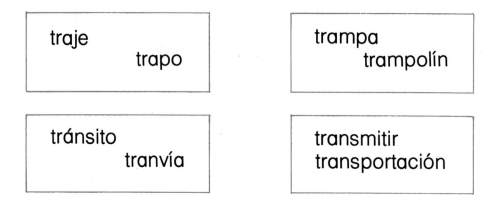

traje

trapo

trampa

trampolín

tránsito

tranvía

transmitir

transportación

Ahora contesta estas preguntas.

¿En qué se parecen las palabras de cada recuadro?

¿En qué se diferencian?

¿Qué palabra nombra una prenda de vestir?

¿Qué palabra nombra algo donde los niños pueden saltar?

¿Qué palabra nombra un medio de transportación?

Hay dos palabras que quieren decir lo mismo. ¿Cuáles son?

Lee este trabalenguas.

Tres tristes tigres tomaban trigo en tres tristes platos.
En tres tristes platos tomaban trigo tres tristes tigres.

Copia el trabalenguas en una hoja de papel. Después, sigue estas direcciones. Léelas bien.

1. Rodea con un círculo rojo las palabras que nombran un número.

2. Subraya con azul las palabras que tienen las sílabas **tris** y **gres**.

3. Tacha con verde las palabras que nombran un animal.

En alta mar

¿Te gusta este barco de vela?

¡Tú también puedes hacer uno!

Necesitas un tapón de corcho, unos palillos y una cartulina.

Pide que te corten el corcho por el medio.

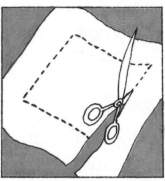

Recorta dos trozos de cartulina como éste.

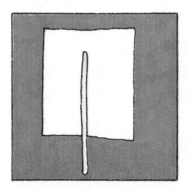

Pega un palillo a la cartulina.

Clava el palillo en el corcho.

Y ahora... a navegar.

llave llama lluvia llano llora calle	yate yeso yema yegua raya	cayo cayó rayo rayó

¿Qué te gusta más, la clara o la yema del huevo?
La lluvia limpió las calles de la ciudad.
No te olvides de llevar la llave de la casa.
Pepe te llama por teléfono.
La llama es el animal típico de los Andes.
La raya es un pez.

Lee el cuento.

Un paseo en platillo volador

Los niños hablaban de lo que hacían los niños de la Tierra y los de Marte.

Yoyo dijo:

—Oye, nos gustaría mucho volar en tu platillo. ¿Podemos?

—¡Pues claro! ¡Vamos!

Y los niños salieron del garaje. Poco después volaban en el platillo.

Los niños volvieron muy entusiasmados con su viaje.

Ahora contesta estas preguntas.

¿Cómo crees que era el platillo de los niños?
¿Qué vieron ellos en su viaje?
¿Cómo se sintieron los niños al regreso de su viaje?
¿Adónde se reunieron los niños?

"Velerín"

"Velerín" era un viejo barco de vela. Estaba anclado en el puerto entre un montón de barcos nuevos.

Nadie le hacía caso ni se ocupaba de él. "Velerín" pasaba sus días muy solo y muy triste.

—Mis velas están llenas de agujeros y mi panza, toda oxidada. Ya nadie se ocupa de mí —se quejaba "Velerín".

Comenzó a recordar otros tiempos. Cuando era bien blanco y avanzaba rapidísimo aunque sólo hubiera una pequeña brisa.

El capitán Yáñez dirigía orgulloso el timón y "Velerín" obedecía muy contento.

De pronto, sintió que el viento movía sus velas. ¡Estaba en el medio del mar!

Mientras pensaba, no se había dado cuenta de que alguien había levantado su vieja ancla gastada.

—¡Vamos, apúrate, "Velerín"! ¡Tenemos que llegar a tiempo! —gritó Yiyo.

¿Adónde? —preguntó el barquito.

—A buscar a mi papá. Salió a pescar anoche y no ha regresado. ¡Temo que le haya pasado algo!

—¿Y por qué me llevas a mí? Yo ya estoy muy viejo —dijo "Velerín".

—No podía perder el tiempo pidiendo permiso a los dueños de otros barcos. Y como tú no tienes dueño...

—Claro..., solamente por eso... —agregó muy triste "Velerín".

El viento comenzó a soplar muy fuerte y las velas del viejo barquito empezaron a romperse.

"Cras-cras", se oía por todas partes.

—No me falles, "Velerín". Ayúdame a buscar a mi papá —lloraba Yiyo.

—¡Tengo que poder! ¡Tengo que poder! —se repetía el pobre barquito mientras se esforzaba por avanzar.

—¡Papaá... papaaá...! —gritaba Yiyo. Pero lo único que se oía era el rugido del viento.

De pronto se oyó a lo lejos:

—¡Socooorro, ayúdenme!

   —¡Ahí está! —señaló Yiyo—. ¡Ya voy, papá! ¡Aguanta, que falta poco!

   En un momento estuvo el papá de Yiyo sobre el barquito.

   ¡Qué alegría! ¡Cuántos abrazos!

   Al rato, se oyó una sirena.

   —¡Allí están los guardacostas! —exclamó Yiyo—. ¡Vienen por nosotros!

   En un momento, los dos pasaron al barco de los guardacostas.

—Se han olvidado de mí —lloraba "Velerín"—. ¡Me dejaron solo en el medio del mar!

Mientras lloraba, no se dio cuenta que los guardacostas volvían.

—Allí está —señaló el papá de Yiyo—. ¡Menos mal que lo encontramos! Lo llevaré conmigo.

Pasaron los días y hubo una gran novedad en el puerto. "Velerín", todo pintado de rojo, se mecía orgulloso con el viento. Y sus velas se morían de ganas de hacer andar el barquito.

Lee estas palabras:

cayo	lleno	tallo	rayo
cayó	llenó	talló	rayó

Ahora lee estas oraciones y las dos palabras que están debajo.

Fíjate que en lo único que se diferencian al escribirse es en el acento. Además, no quieren decir lo mismo. Léelas de nuevo y escoge la que mejor complete la oración.

1. Mamá _____ el vaso de leche.

         lleno   llenó

2. Se siente _____ de tanto comer.

         lleno   llenó

3. La planta tiene raíz, _____ y hojas.

         tallo   talló

4. ¡Qué bien _____ la madera!

         tallo   talló

5. Pepe _____ la mesa con el lápiz.

         rayo   rayó

6. Un _____ rompió las ramas del árbol.

         rayo   rayó

Lee esta adivinanza y las palabras que están debajo:

Tamaño como un ratón,
y guardo la casa como un león.

llama	yate	llave	raya	calle

Escoge la respuesta correcta y luego contesta estas preguntas.

¿Por qué se dice que es como un ratón?
¿Y como un león?
Ahora trata de escribir tu propia adivinanza.

Viajes de aventuras

Juancito Volador

Juancito quiere volar
sentado en un barrilete.
Sus amigos lo remontan
con su trompo y su bonete.

Se encuentra con una nube,
con una nube muy rubia,
que está bordando un pañuelo
con los hilos de la lluvia.

Juancito sigue volando
y se encuentra con el viento,
que tiene una capa verde
por afuera y por adentro.

Sube un poco más arriba
y se encuentra con la Luna,
que está haciendo una empanada
de caramelo y azúcar.

Sube un poco más arriba
y se encuentra con el Sol,
que tiene un palacio de oro
y está muerto de calor.

Encuentra muchas estrellas
que juegan a la escondida,
y a una palomita blanca
que en el cielo está perdida.

Los árboles lo saludan
cuando Juancito aterriza.
Sus amigos le dan tortas
y su mamá una paliza.

María Elena Walsh
(Argentina)

Valentina no camina

¡Cómo pesa esta hoja!
Pero vale la pena...
No pasaremos hambre.

Ya no debe faltar mucho...
Después volveré por más hojas.

¡Oh! ¿Me habré perdido?
¡No había agua cuando
vine por aquí!

¿Cómo hago para
cruzar?
¡Yo no sé nadar!

¡Qué bueno!
¡Quizá sobre esta hoja
pueda llegar al otro lado!

Tra-la-la,
tra-la-la.
A mi casita
voy a llegar.

¡Uy, uy, uy!
¡Que me caigo!

¡Uf! ¡Menos mal que
me agarré a este palito!

Apenas llegue
a la orilla,
buscaré el hormiguero.

¡Pero qué es esto!
¡Estoy volando!

¡Cómo puede ser!
¡Muevo los pies en
el aire y avanzo!

¡Y el piso se ve tan lejos!
¡Debo estar soñando!

No. No estás soñando.
Estás volando.
Yo te llevo.

¿Adónde me llevas?
¿Adónde vas?

Estás agarrada
a un palito que usaré
para hacer mi nido.

¿Y qué harás
conmigo?

Pues... No sé.
Tengo que pensarlo.

Por favor,
no me sueltes.
¡Yo no sé volar!

Ya lo sé.
No te preocupes
y prepárate.
Ya llegamos.

¿Cómo quieres
que me prepare?
¡Tú eres
quien me lleva!

¡Llegamos!
Pondré este palito junto
a los otros y volveré
a buscar más.

¿Vas a dejarme aquí?
¿Por qué no me
llevas contigo?

No puedo. Tengo que tener libre
mi pico para poder comer
por el camino. Vuelvo pronto...
¡Adiooooos!

¡En buen lío me he metido!
¡Esta golondrina no pensará
que voy a quedarme aquí
a esperarla!

Veamos qué puedo hacer
para volver a mi hormiguero.

A Génova ha llegado Genaro,
el generoso general genovés,
generalmente generando gestos de agrado.

ge	gi

je	ji

1. **Gerardo** es un gran **jinete**.
2. **Gilda** irá a la fiesta vestida de **gitana**.
3. La Tierra **gira** alrededor del Sol.
4. ¿Quién es el **jefe** de esta oficina?
5. En Cuba se le dice **guajiro** al campesino, y en Puerto Rico **jíbaro**.

Lee esta adivinanza y las palabras. Escoge la palabra correcta. Luego contesta estas preguntas.

Una palomita
blanca y negra
vuela y no tiene alas,
habla y no tiene lengua.

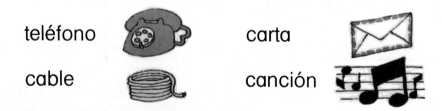

teléfono   carta

cable   canción

¿Por qué no tiene alas?
¿Cómo es que puede hablar sin lengua?
¿En qué se parece a una paloma?

Una aventura en Ji-Ji

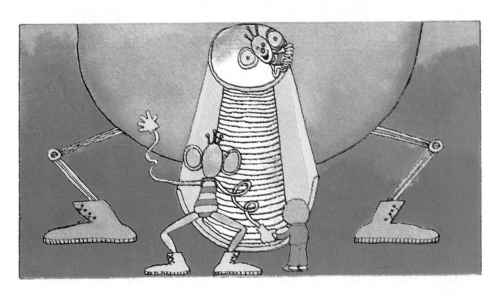

Era una noche de mucho calor.

Andrés se entretenía mirando por la ventana. Veía una luna grande y muchas estrellas.

"Quizás algún día pueda llegar hasta allí", pensó.

—¡Andrés, vete a la cama! —le dijo su mamá desde el otro cuarto.

Andrés obedeció. Siguió pensando en la luna y las estrellas y al rato, los ojos se le cerraban.

Después de un ratito, volvió a abrir los ojos.

¡Qué sorpresa! ¡Unos brazos largos y finitos como mangueras de regar, le hacían·señas!

Salió al jardín y vio algo como un carro redondo y muy reluciente.

Aquel extraño personaje se metió dentro del carro y Andrés lo siguió.

Al rato, el carro redondo se perdía en el cielo...

Los señores tan raros le dijeron que venían del planeta Ji-Ji, donde todo el mundo se reía.

Le dio tanta risa que volvió a quedarse dormido.

Cuando despertó, vio que le habían quitado su ropa y le habían puesto unas de plástico.

De repente, se abrió una puerta redonda y aparecieron otra vez los ji-jigianos.

Traían un carrito y le pidieron que se montara en él.

Lo llevaron por un túnel larguísimo hasta una gran plaza de mármol azul brillante. Enseguida, aparecieron más ji-jigianos con muchos carritos trayendo niños de todas partes de la Tierra.

Después llegó otro de ellos, con un carro más grande, cargado de aparatos con muchos cables y bombillas.

Los niños se asustaron y comenzaron a hablar todos al mismo tiempo. No se entendía nada. Cada uno hablaba otro idioma.

—¡Un momento! —gritó el ji-jigiano mientras colocaba unas gomitas a cada niño.

—Ahora pueden hablar todos —les dijo.

¡Se armó un jaleo grandísimo! Los ji-jigianos decidieron quitarles las gomitas a cada niño y poner sólo dos a la vez. Así fueron conociéndose todos.

A Andrés le tocó conversar con una niña china. Su nombre era Fu-fu.

—¿Tú por qué estás aquí? —preguntó Andrés.

—Yo quiero ser profesora de Astronomía cuando sea mayor. Por eso vine al planeta Ji-Ji. ¿Y tú?

—Yo también vine porque quise. Quería conocer otro planeta —respondió Andrés—. ¡Tengo una idea! —agregó el niño—. ¿Sabes lo que haremos? Le diremos a uno de los ji-jigianos que si nos lleva a la Tierra, podemos buscarle un empleo de jugador de "basketball". Como tiene los brazos tan largos, sería un campeón.

—¡Muy buena idea! —aplaudió Fu-fu.

—Entonces, al primero que venga a sacarnos las gomitas de las orejas, se lo propongo.

Y así sucedió. Después que Andrés habló con un niño italiano y dos niñas norteamericanas, se le acercó un ji-jigiano. Andrés le contó lo que pensaba.

—¡Eso no es posible! Tengo que llevarte con el jefe —dijo el ji-jigiano muy enojado.

Andrés salió corriendo hacia donde se veían los carros redondos. ¡Corría pero nunca llegaba!

Como se había quitado las gomitas, no entendía lo que los otros niños trataban de decirle.

—¡Qué te pasa, Andrés!... ¡Despierta!

¡Andrés abrió los ojos con mucho miedo! Pero al ver a su mamá se puso muy contento y siguió durmiendo muy tranquilo.

Lee las palabras:

jimaguas	geranio	jirafa
girasol	gemelos	gigante
gelatina		congelar

Ahora contesta estas preguntas:

¿Cuáles de las palabras son nombres de flores?

¿Cuál es el nombre de un animal de cuello largo?

¿Si quieres hacer hielo, qué le tienes que hacer al agua?

¿Cómo se le dice a un hombre de estatura muy grande?

¿Cuáles de las palabras quieren decir lo mismo?

Lee este diálogo:

—¡Buenos días!

—¡Buenos días! ¿Llegas ahora?

—No llego... Me voy.

—¿Adónde vas?

—Al mar...

—¡Hombre! ¡Es un peligro!

Ahora contesta estas preguntas:

1. ¿Qué título le darías a este diálogo?
2. ¿Dónde están hablando estas personas?
3. ¿Quiénes son los que están hablando?
4. ¿Por qué dicen que el mar es un peligro?

Glosario

Aa

Aderezo • Condimento. • Me gusta comer la ensalada con aderezo.

Aliviar • Calmar. • Esa medicina puede aliviar el dolor de cabeza.

Alondra • Pájaro. • Se escucha el canto bonito de la alondra.

Alumbrar • Dar luz. • Utilizan una lámpara para alumbrar el dormitorio.

Anclas • Objetos pesados que inmovilizan un barco. • El barco sube sus anclas.

Anillos • Aros pequeños que adornan los dedos. • Esos anillos son de diamantes.

Ansiosa • Deseosa. • Ella está ansiosa por llegar a casa.

Apresurarse • Darse poco tiempo para hacer algo. • Tiene que apresurarse para llegar a tiempo al autobús.

Astro • Cuerpo en el firmamento. • La estrella es un astro.

Bb

Bando • Grupo. • Esa persona pertenece al otro bando.

Bonete • Gorro de cuatro picos. • El sacerdote antiguamente usaba un bonete.

Bucles • Rizos muy marcados. • Mi muñeca tiene muchos bucles.

Cc

Cabello • Conjunto de pelos de la cabeza. • Mi muñeca tiene el cabello largo.

Cerezo • Árbol frutal. • Hay un gran campo de cerezos cerca de casa.

Cigarras • Insectos de color verdoso. • Se escucha el ruido de las cigarras.

Conspiración • Personas unidas para hacer mal. • Esas personas forman una conspiración.

Constructor • Persona que fabrica cosas. • El papá de Roberto es un constructor de casas.

Construir • Fabricar. • El arquitecto desea construir un gran edificio.

Crecer • Aumentar en tamaño. • Las plantas necesitan agua para crecer.

Dd

Descansar • Dejar de hacer algo. • Los jugadores irán a descansar después del partido.

Descubrir • Averiguar. • Me gustaría descubrir el secreto.

Despacio • Lento. • La abuelita camina despacio.

Divertir • Entretener. • Al payaso le gusta divertir a los niños.

Dueño • Persona que tiene algo. • ¿Quién es el dueño del carro rojo?

Ee

Emocionante • Sentimiento o impresión fuerte. • Es emocionante subir en la montaña rusa.

Empantanadas • Cubiertas de agua y barro. • Esas tierras están empantanadas.

Enviar • Mandar algo de un lugar a otro. • Los amigos de Sara le quieren enviar flores.

Estrella • Astro que tiene luz propia. • En el cielo se ve una estrella.

Explosión • Rompimiento brusco. • La explosión se escuchó desde muy lejos.

Extintas • Apagadas. • Las luces están extintas.

Extrañaba • Añoraba. • Mamá extrañaba la sabrosa comida de abuelita.

Extraviado • Perdido. • El canario de mi vecina se ha extraviado.

Ff

Fabricar • Construir. • No se puede fabricar una casa en este lugar.

Frascos • Recipientes de cristal. • Los frascos tienen agua fría.

Furioso • Muy enojado. • El león está furioso.

Gg

Génova • Ciudad de Italia. • Pablo nació en Génova.

Grillos • Insectos que saltan. • Los grillos hacen un ruido muy fuerte.

Gruta • Cueva entre rocas. • Los exploradores entraron en la gruta.

Guardabosques • Persona que cuida los bosques. • El guardabosques tiene un uniforme especial.

Guardacostas • Barco que vigila las costas. • El guardacostas navega a gran velocidad.

Hh

Hormiguero • Lugar donde viven las hormigas. • Hay un hormiguero en el jardín.

Ii

Isla • Tierra rodeada de agua. • Cuba es una isla.

Jj

Jefe • Persona que manda a otras. • El jefe está de vacaciones.

Jíbaro • Campesino. • En Puerto Rico se llama jíbaro al campesino.

Kk

Kiosko • Puesto en donde se venden periódicos, flores, etc. • En esta calle hay un kiosko muy grande.

Ll

Lástima • Pena. • Es una lástima que no consiguiera las entradas para el partido.

Luciérnagas • Insectos que producen una luz verde azulada. • Por la noche vemos volar muchas luciérnagas por el jardín.

Ll ll

Llama • Animal parecido al camello que vive en América del Sur. • La llama tiene el cuerpo cubierto de pelo.

Llenar • Lo contrario de vaciar. • Podemos llenar la caja con regalos.

Llevar • Hacer que algo pase de un lugar a otro. • Puedes llevar dos libros a tu casa.

Mm

Madriguera • Cueva pequeña y estrecha en la que viven algunos animales. • Encontramos la madriguera del conejo.

Mayor • Tener más años o ser más grande. • Mi amigo es mayor que José.

Mejorar • Hacer mejor. • Carla quiere mejorar su escritura.

Melocotones • Duraznos o fruta dulce de color naranja. • Sobre la mesa hay tres melocotones.

Mudarse • Cambiarse de casa. • Los señores Ruiz van a mudarse el próximo mes.

Nn

Novia • Persona que va a casarse. • La novia luce un lindo vestido blanco.

Nuestro • De nosotros. • Carlos es nuestro mejor amigo.

Oo

Obsequiar • Regalar. • Papá nos va a obsequiar una bicicleta.

Observar • Mirar atentamente. • Podemos observar un bonito paisaje desde este lugar.

Ocultar • Esconder. • Ellos quieren ocultar su dinero en un lugar seguro.

Oscuro • Que no tiene luz. • Ese cuarto está muy oscuro.

Pp

Paliza • Golpes que se dan con un palo a una persona. • Se salvó de un paliza.

Pasear • Ir a un lugar para distraerse. • Me gusta pasear a caballo por el campo.

Pedazo • Trozo. • ¿Puedo comer otro pedazo de pastel?

Pegar • Unir una cosa con otra. • Podremos pegar el papel en la pared.

Pelear • Reñir. • No debemos pelear entre amigos.

Peligro • Riesgo. • Al conducir a gran velocidad pone en peligro su vida.

Pepita • Semilla. • El aguacate tiene una pepita grande.

Poder • Tener la capacidad de hacer algo. • Creo poder terminar mi trabajo pronto.

Presente • Que está en un lugar. • Estuvo presente en la reunión.

Pudrir • Descomponer. • Las naranjas con el tiempo se pueden pudrir.

Qq

Quitarles • Apartarles. • Hay que quitarles las semillas a las naranjas.

Rr

Rabo • Cola. • El perro mueve su rabo.

Ranas • Animal anfibio. • Las ranas pueden saltar mucho.

Rayo • Relámpago. • Se ve un rayo iluminar el cielo.

Rebaño • Conjunto de ovejas. • El pastor cuida el rebaño.

Renacuajos • Larva de las ranas. • El estanque está lleno de renacuajos.

Respirar • Tomar aire. • Necesito respirar aire fresco.

Resplandor • Luz muy intensa. • No puedo ver por el resplandor del sol.

Robles • Árboles de madera dura. • En ese bosque hay muchos robles.

Ss

Semáforo • Objeto de tres luces que sirve para dirigir el tránsito. • El semáforo está en verde.

Sembrar • Echar semillas en la tierra. • Es época de sembrar maíz.

Soplar • Echar aire. • Hay que soplar con fuerza para apagar las velas.

Tt

Tablas • Trozos de madera plana. • El carpintero necesita dos tablas grandes.

Teatros • Lugares donde se presentan obras. • En esa calle hay muchos teatros famosos.

Tiempo • Lo que dura una cosa. • Él necesita poco tiempo para pintar la pared.

Tierra • El planeta donde vivimos. • La Tierra es redonda.

Timón • Pieza que sirve para cambiar de rumbo un barco o para conducir un automóvil. • El capitán está al frente del timón.

Tortuga • Animal que está protegido por una caparazón. • La tortuga camina muy despacio.

Trabalenguas • Juego de palabras. • ¿Puedes decir ese trabalenguas?

Traje • Prenda de vestir. • Ese traje te queda muy bien.

Transparente • Que deja pasar la luz. • Ese vaso es transparente.

Tranvía • Vehículo que se mueve sobre rieles. • El tranvía viaja por la ciudad.

Traviesa • Revoltosa. • Rita es una niña muy traviesa.

Uu

Único • Que no hay otro de la misma clase. • Ese pastel es el único que hay.

Útiles • Que sirven. • Los lápices son muy útiles.

Vv

Veneno • Sustancia que causa daño. • Ten cuidado con eso porque es un veneno peligroso.

Viento • Aire muy fuerte. • El viento mueve la hojas de los árboles.

Yy

Yema • La parte amarilla del huevo. • La yema está dura.

Índice